21 世纪企业经营智慧丛书

JUCAI SHENGCAI YU YUNCAI

聚财生财与运财

企业的卓越理财

编著⊙侯书生　余伯刚
本册主编⊙邓在虹

四川大学出版社

责任编辑:曾　鑫
责任校对:陈　蓉
封面设计:刘建波
责任印制:王　炜

图书在版编目(CIP)数据

聚财生财与运财：企业的卓越理财 / 侯书生，余伯刚编著. —成都：四川大学出版社，2015.3(2025.4重印)
(21世纪企业经营智慧丛书)
ISBN 978-7-5614-8407-4

Ⅰ.①聚…　Ⅱ.①侯…　②余…　Ⅲ.①企业管理－财务管理　Ⅳ.①F275

中国版本图书馆CIP数据核字(2015)第049060号

书名　**聚财生财与运财——企业的卓越理财**

编　著	侯书生　余伯刚
出　版	四川大学出版社
地　址	成都市一环路南一段24号(610065)
发　行	四川大学出版社
书　号	ISBN 978-7-5614-8407-4
印　刷	三河市天润建兴印务有限公司
成品尺寸	170 mm×240 mm
印　张	15.5
字　数	253千字
版　次	2016年1月第1版
印　次	2025年4月第3次印刷
定　价	41.00元

◆读者邮购本书,请与本社发行科联系。
电话:(028)85408408/(028)85401670/
(028)85408023　邮政编码:610065
◆本社图书如有印装质量问题,请寄回出版社调换。
◆网址:http://www.scup.cn

《21 世纪企业经营智慧》丛书

第二套

第十三册

聚财生财与运财

——企业的卓越理财

邓在虹　编著

前言

企业经营，财务为重。财务管理作为企业管理的核心内容，贯穿于企业生存与发展的始终，体现在经营和管理的各个方面、各个环节。财务管理出现问题，将会给企业造成致命的伤害。

资金之于企业，如同血脉之于人体一样重要。资金缺乏、周转不灵或投资错误等财务管理方面的失误，会使生机勃勃的企业瞬间转为亏损甚至破产。

一个企业经营者如果是理财的“门外汉”，对企业的财务撒手不管，危机很快就会找上门来——该收的钱款迟迟到不了账，十拿九稳的利润变成水中花、镜中月；企业每天都在大把大把地花冤枉钱，流动资金用完了却无法及时筹措，企业在不知不觉中背上了不该背的债务……

“当家不理财，等于瞎胡来；理财不当家，等于撒钱花。”总结许多企业经营不善甚至失败的原因，就是经营者不理财或不善理财之道，不懂得如何聚财、生财与运财。

事实证明：在企业的经营管理这个复杂的过程中，牵一发而动全身的关键环节便是财务管理。财务是企业经营的轴心，是经营状况的晴雨表。专业管理者精于聚财，巧于生财，善于运财，从而能够轻松实现投资上的科学决策，在经营上取得预期的利润、效益。

总结企业财务管理的成功实践，概括而言，财务管理之道包括聚财之道、生财之道和运财之道三个方面。

呈现在读者面前的这本《聚财生财与运财》一书，以动态方法和静态方法相结合，系统地介绍了企业财务管理的基本知识、基本操作技巧，突出了企业资金的事前管理、事中管理和监督以及资金的事后管理。全书紧紧围绕财务管理中的聚财、生财与运财这三个方面的重点内容，结合企业管理者在财务管理过程中可能碰到的各种现实问题，有的放矢地提供了各种解决方案。书中要点突出，针对性强，是企业管理者在较短的时间内尽快地通晓财务管理，掌握筹钱、生钱、花钱高招的首选读物。

从现在起到2020年，正值中国社会、经济发展的关键时期。在实现全面建成小康社会的奋斗道路上，作为市场主体的企业，其发展速度与管理水平起着至关重要的推动作用。希望广大中国企业的管理者，乘着改革与发展的东风，以成效卓越的管理实现企业与国家的共同进步。

编　者

2014年10月

目 录

第一章 *创新财务管理，实现卓越理财*

第二章 *筹集资金，扩大财力*

第四章 财务分析，把脉问诊

第一章 创新财务管理，实现卓越理财

财务管理是现代企业管理中的核心内容之一。众所周知，企业以追求“利润最大化”为根本目标，而这个根本目标不仅仅要依靠企业生产、质检、营销等部门的努力，更要靠财务管理部门的精心运筹方能实现。

一、更新观念，增强理财创新能力

跨入21世纪以后，企业的财务管理研究也随之发生了变革和创新。现代财务管理较之传统财务管理，其研究对象向深度和广度两个方面变化。在

全球化经济浪潮的冲击下，一方面要更新财务管理观念，另一方面更要以创新的内容去充实财务管理理论体系。面对新的形势，企业必须在更新观念的同时，摒弃传统财务管理中过时的部分，创新财务管理内容，以全新的理财方法应对新世纪的挑战。

1. 企业的财务管理活动必须紧跟时代步伐

方兴未艾的知识经济拓宽了经济活动的空间，改变了经济活动的方式，主要表现在两个方面：一是网络化。目前，全球互联网的用户有近千万，预计15年内将有10亿人使用全球互联网。容量巨大、高速互动、知识共享的信息技术网络构成了知识经济的基础，企业之间的激烈竞争将在网络上进行。二是虚拟化。知识经济时代，由于经济活动数字化和网络化的加强，在物理空间缩小的同时，开辟了新的媒体空间，如虚拟市场、虚拟银行。知识经济世界里，许多传统的商业运作方式将随之消失，代之以电子支付、电子采购和电子订单，商业活动将在全球互联网上进行，使企业购销活动更便捷、费用更低廉。同时，网上收付使国际资本的流动加快，而财务主体面临的货币风险则大大增加，这使得建立在传统工业经济基础之上的理财方法必须进行创新。

知识经济浪潮的冲击，必将引起管理科学的革命、创新，这带给我们的启示无疑是多方面的。

①知识经济是人类社会理性的杰作，是人类经过工业时代的大发展，并总结了工业经济的经验和教训后提出的一种新的经济形态。**企业的财务管理必须站在知识经济的平台上，以促进知识创新和高新技术产业化为目标，并围绕这一目标建立一套行之有效的企业理财方法。**

②知识经济将向人们展示自己的独特规律，如摩尔法则、梅特卡夫法则、雅虎法则已经被人们关注。面对知识经济的挑战，一方面，要勇于接受新的经济理论；另一方面，要努力探讨和创新企业理财理论，把知识的创造性应用与价值创造结合起来，从而确定一些新概念，包括重新确定企业所处时空观念及其界域。

③由于发达国家已跨入知识经济，而知识经济在我国才初现端倪，所以，我们必须借鉴发达国家发展知识经济理财的初步实践经验。

④知识经济的发展是一个渐进的过程，在研究企业理财问题时，应确定知识经济背景下企业理财的环境变化程度和受到影响的主要方面，从而完成对传统企业理财理论和具体方法的创新。

2. 企业财务改革与创新的目标

从总体上讲，企业财务改革与创新应以发展社会主义生产力为总目标，根据加快改革开放，加速经济发展，提高经济效益的要求，建立健全适应社会主义市场经济的财务管理体系和财务制度法规体系，切实做到宏观管住管好、微观放开搞活，达到发展经济、改善管理和提高经济效益的目的。具体地说，其主要包括以下几个方面。

（1）切实转变观念，解放思想

企业财务改革与创新应在适应经济体制改革的基础上，对现行一些不合理规定和做法进行大刀阔斧的改革；在总结过去经验的基础上，建立一套新的、能够促进经济发展和改革的财务管理体系和财务制度法规体系。

（2）适应市场经济要求，促进企业发展

企业财务改革与创新应改变现行的企业所有制性质、经营方式和财务管理和制定财务制度的办法，理顺财务管理体制，统一企业财务制度，规范各类企业从事财务活动必须遵循的基本原则，从财务制度上为各类企业提供公平竞争和发展的条件。

企业财务改革与创新要体现企业作为微观财务管理主体的地位，赋予企业充分的理财自主权，增强企业的财务意识和效益观念，并促进企业建立健全内部财务管理办法，使企业真正成为既有充分理财自主权，又有健

全约束机制的独立商品生产经营者。

(3) 适应转变政府职能的要求，确保宏观管住管好

在财务管理体制上，要统一企业财务管理的职能部门，形成一个实行宏观财务管理的主体；在财务管理的内容上，该放权的一定要放给企业，该管的要坚决管住管好，满足宏观经济管理的需要；在财务管理的范围上，要面对全社会企业，把所有企业纳入财务管理的范围，确保企业财务管理的完整性；在管理的方法上，要切实做到政企分开，由行政管理转向间接管理，利用经济手段去管理企业财务，从而适应并促进政府职能的转变。

(4) 适应进一步扩大对外开放的需要，遵循国际惯例

在改革开放的过程中，企业在财务管理方面必须与国际惯例接轨，尽可能地借鉴国际上一些先进的管理方法和经验，在充分考虑我国国情的基础上，建立一套与国际惯例大体一致的财务管理体系和财务制度体系，促进对外开放，有效吸引外商投资，推动企业走向国际市场。

企业财务管理改革与创新不仅是时代的要求，更是企业自身的需要，也是企业发展的又一契机。企业只有改革现行财务管理，并在此基础上进行有效创新，方能使企业这棵大树在市场经济的新浪潮中巍然屹立并根深叶茂。

3. 企业的财务管理必须要和国际接轨

由于种种原因，我国企业，特别是企业的理财体制与国际通行的企业理财体制还有不少的差距。**因此，如何进行企业理财体制的再造将成为我国企业发展的重大课题。**

体制再造，就是对企业理财制度、机制、地位、人员等方面进行革命性的元素配置和制度创新，使企业理财体制能够促进企业的发展，以全新的、科学的、合理的现代企业财会制度来统领和理顺企业内部的各种关系，推动和促进企业尽快建立现代企业制度并释放出巨大潜能。企业理财体制和运行机制的再造是一项复杂的系统工程，要充分考虑加入 WTO 的客观需要，加快与国际会计制度接轨的步伐，适应知识经济和经济全球化

的迫切要求；同时，企业的理财体制要与建立现代企业制度、完善法人治理结构、强化财会外部监督和提高财会人员整体素质等相配套。

（1）再造企业财务管理体制

一是要以财会法律、法规体系为依据，对企业财务管理体制进行实质性变革和再造。新《会计法》第4条明确规定："单位负责人对本单位的会计工作和会计资料的真实性、完整性负责。"这就非常明确地把企业法人代表确定为企业财会信息真实性、完整性的第一责任人。我们要以此明确企业会计行为责任主体。**这对企业经营管理者虽是一种约束，但也能为被约束者创造良好的外部环境**。就像交通法规一样，虽然约束了掌握方向盘的司机，但规范了交通行为，维护了交通秩序，给司机创造了一个安全、高速的行车环境。

主管企业财务的领导（如财务主管、财务经理、主管财务的副总经理）作为企业管理层的重要成员，可以更好地组织和领导本企业编制和执行预算、财务收支计划、信贷计划，拟订资金筹措和使用方案，开辟财源，有效地使用资金，建立健全经济核算制度，加强财会监督，强化成本管理，进行经济活动分析，精打细算，提高企业经济效益，协助和参与企业一切生产经营管理活动等。

（2）再造企业财务管理机制

就目前企业财务管理方面存在的突出问题看，应侧重从以下几个方面进行再造。

①财务信息系统必须成为经营决策的基础。董事会对重大筹资、融资、投资等进行决策，必须精确掌握本企业、本地区、国内外同行业的财会等方面的信息，在去伪存真、去粗取精、由表及里、深入细致分析的基础上进行科学、民主的决策，力求避免失误的投资决策。经营管理者必须充分依靠财会信息，把握市场商机，赢得经营主动权。特别是要充分发挥会计师的潜能和作用，切实把好成本核算关，将企业的信息流、资金流、物资流有机地统一起来，形成共享的资源优势，确保在市场竞争中立于不败之地。

②职能必须从财务会计向管理会计转变。财务工作的重心必须从过去

的事前借款记账、事中算账催账、事后填表报账、年终决算封账等具体烦琐的会计实务转到事前预测规划、事中监督控制、事后归档入账、年终总结提高的管理会计、决策会计上来。随着网络技术的飞速发展和财会软件的成熟应用，计算机已经把大部分会计人员从繁重的手工算账报账中解脱出来，为他们从事管理会计、决策会计工作提供了机遇。企业理财部门必须适应这一转变，抓住这一机遇趁势而上，用自身的“有为”赢得现代企业制度下财会部门的“有位”。

③建立内部投资决策支持系统、专家咨询辅佐系统和内部各部门互相支持配合系统。企业决策的科学化、民主化、规范化至关重要，要坚决克服和杜绝那种“情况不明胆子大，心中无数办法多”的奇怪现象。因此，必须再造以企业理财机制为核心的重大投资决策和经营管理决策失误追究制度，从企业理财机制上确保重大投资的准确性和成功率。再造的企业理财机制应该包括内部决策支持系统、专家咨询辅佐系统和企业内部各部门互相支持配合系统。在协调运行中，通过共同贯彻执行决策指令和相关制度，使企业的人力资源、物力资源、资本资源、智力资源和其他资源共同为经营决策系统服务，以提高企业的投资收益，使企业在激烈的市场竞争中立于不败之地。

④培育信用体系。提高企业信用，要首先从自己做起，从现在做起，从最基本的基础管理做起。**在市场经济条件下，守信用、重承诺，是企业的安身立命之本，成长发展之基**。针对当前市场经济的一些新特点，切实加强信用管理必须从以下几个方面抓起：一是优化外部信用环境，培育和建立全社会的信用体系，坚决反对并着力打击坑、蒙、拐、骗、假等欺诈行为，逐步建立和完善企业和个人的信用制度。二是依法治“信”，以法律的形式规范公共信息及征信数据的取得和使用程序。当务之急是要制订公平使用信息法，并修改商业银行法和反不正当竞争法。三是要增强信用意识和自我保护意识，防止被骗或拒绝骗人，减少自己的损失，树立自身的信誉。

(3) 再造企业理财组织体系

面对新形势，企业必须学会竞争，敢于竞争，善于竞争，因此企业理财组织必须再造，建立起“大财务”的组织架构。再造后的企业理财组织至少应包括以下五项职能系统。

①会计核算系统。负责企业的记账、报账工作，并对会计数据的真实性负法律责任。

②企业理财职能系统。分析财务数据，预测和控制企业财务及经营运营情况，对企业未来的经营管理活动提出建议。

③商务审核职能系统。审核所有对外经济文件，保护本企业利益，为决策者提供安全建议；审核内部经济活动是否合规、合法，监督并把住有关的收款、转账等经济活动关口。这项职能应主要由审计人员担任。

④信用职能系统。分析客户信用，查看合同履约率、付款及时率及其内部经营状况等，划分客户信用等级；控制三角债，制定企业内部财会、资金管理安全机制，压缩三角债数量，最大限度地减少财务风险。

⑤物资管理职能系统。在大财务观念中，还有对物资的管理职能，而且，不但要管好库存物资，还要管好在用物资。当前，不少企业疏于在用物资管理，不但不许退库，而且不精心保养，形成物资流失、资金流失的“漏斗”。因此企业必须及时对在用物资进行清点、保养及报损，提高物资管理质量，优化资金外部环境，减少财务风险。

（4）再造企业财会人员队伍

企业财务管理体现再造的基础，就是要在短时期内培养和造就一批专业精湛、结构合理的人才队伍。目前，从纵向看，企业理财人员整体素质较计划经济时代有了质的飞跃；但从横向分析，与市场经济发达国家的财会队伍素质相比差距还很大，企业财会素质不高的问题相当突出。当前，要按照深改革对财会人才的要求，对企业财会人力资源进行整体再造，努力提高企业财会人员整体素质。

4. 更新观念，增强企业理财创新能力

在竞争激烈的市场经济中，企业需要培育企业资产营运能力和企业盈利能力，更重要的是培育企业的理财创新能力，通过理财创新来推动企业的经营创新。

培育企业理财的创新能力，首先需要树立全新的观念。应在传统的

“管财与管物”观念中融入“管人”的观念。企业理财要立足于管人，并与“管财与管物”有机地结合起来，注重企业人力资源的开发和利用。因此，作为企业的经理人和财务管理人员必须及时进行知识更新，树立一套与不断变化的企业理财环境相适应的企业理财新观念，为企业发展奠定坚实的思想基础。

全新的财务管理观念主要有以下几个方面。

(1) 法制观念

依法治国和建设法制社会的形势任务，要求企业生产经营管理必须树立法制观念，严格遵守国家法律法规。财务管理不仅要对企业经营负责，更要承担遵法守法的社会责任，严格按照国家《会计法》《注册会计师法》《预算法》《审计法》及相关制度规定行使职责权利和义务，坚决杜绝弄虚作假等违法违规现象，为企业把好理财关。

(2) 竞争观念

“物竞天择，适者生存”，竞争为现代企业理财带来了活力，创造了机会，但同时也形成种种威胁。市场经济必将进一步发展，市场供求关系的变化及价格的波动，往往会给企业带来冲击。优胜劣汰的原则要求每位理财专家必须具有强烈的竞争意识，必须对这种冲击做好应对准备，强化理财工作在资金的筹集、投放、运营以及收益分配中的决策作用；并在竞争中不断提高承受和抵御冲击的能力，使企业自身的竞争实力进一步提高，在激烈的市场竞争中站稳脚跟且力求脱颖而出。

(3) 经济效益观念

市场经济实质上是一种效益经济，企业作为一个自主经营、自负盈亏、自我约束、自我发展的经济实体，取得并不断提高经济效益是其基本特征之一。**因此理财专家在工作过程中必须确立经济效益观念**。在日常的理财管理工作中，尽可能降低成本提高资金利用率，“开源”与“节流”同时并举，据此来更好地实现企业理财目标。

(4) 时间价值观念

货币是有时间价值的，一定量的货币在不同的时间点其价值量是不同的，而两者之间的差额便是利息。理财专家必须看重利息的存在，许多看似有利可图的项目在考虑到货币时间价值后，可能就变成一个赔本生意了。

(5) 财务风险观念

市场经济中充满了各种各样的财务风险，现代企业在组织财务活动的过程中，受各种不确定性因素及一些突发性因素的影响，企业的实际财务收益时常与预期财务收益发生较大差异，从而存在使企业蒙受经济损失的可能性。怎样防范这些风险的发生是理财专家必须明确的，在进行财务决策时，应力求回避风险以减少损失，增加收益。**特别要注意风险与回报是相伴而生的，低风险往往是低回报，要取得高回报则意味着要冒更大的风险**。怎样在风险与回报之间进行选择，是理财专家面临的一大课题。

(6) 财务公关观念

对外，应加强与财政、税务、银行、物价及业务主管部门的联系，以便得到他们的指导和支持；对内，应协调财务部门与生产部门、营销部门、公关部门、人力资源管理部门的关系，以便得到他们的理解和配合。因为财会部门处于经费分配的位置，容易与经费使用部门产生不同看法，从而引起矛盾。这时可换一种思维方法，设身处地为其他部门考虑，若有必要，可请有关领导做沟通协调工作。

(7) 良好的个人形象的观念

财务部门负责人的个人威信源于自己的业务水平和处理重要事项的能力。在为人方面要宽容和慎言，在处事方面要果断和明确。要尊重下级，礼貌待人。因个人的习惯爱好、工作分工不同，有的岗位需要多接待来客，有的岗位则需要集中精力，防止干扰和影响。

在工作安排、业务审批等方面不可犹豫不决，要有自己明确的工作原则，并且要坚持正确的工作原则；对下属的工作布置，要做到言出必行，树立良好的工作形象。

二、企业财务管理与理财的基本内容

1. 企业财务管理的内容

财务管理的内容是由企业资金运动的内容决定的。企业投入资金，用来进行产品生产，将产品售出收回货币资金的运动过程，构成了资金管理的内容。**在商品生产过程中，相应发生的劳动耗费和资金耗费，构成生产费用和成本管理的内容。**企业取得产品销售收入，用来抵补生产费用和缴纳税金后，获得利润并按规定分配，构成了盈利管理的内容。根据财政部制定颁发的《企业财务通则》和行业财务制度的内容，现代企业财务管理的内容具体包括以下几个方面。

①资金筹集管理。主要包括资金筹集的概念、必要性，资金成本和投资风险价值的计算，资本金的筹集与管理，以及企业负债的管理。

②流动资产的管理。主要包括现金和各种存款的管理、应收及预付款的管理、坏账准备金制度的建立、存货的管理，以及低值易耗品的管理。

③固定资产的管理。主要包括固定资产折旧管理、在建工程管理和国家资产的清查盘点。

④无形资产、递延资产和其他资产的管理。

⑤对外投资的管理。主要包括对外投资的内容、股权投资的管理、投资收益与损失的管理。

⑥成本费用的管理。主要包括制造成本法、成本开支范围、管理费用管理、财务费用管理和销售费用管理。

⑦销售收入、利润及分配的管理。主要包括销售收入管理、利润及分配的管理。

⑧外币业务管理。主要包括外币业务概念、汇兑损益的确认和处理。

⑨企业清算的财务处理。主要包括企业清算要求、清算损益的确认和处理。

⑩财务报告和财务说明。主要包括资产负债表、损益表、财务状况变

动和财务情况说明书的管理，以及财务分析。

2. 掌握财务管理的基本环节

要做好财务管理工作，实现财务管理目标，除了要有正确的原则外，还要掌握财务管理的基本环节。企业财务管理环节是指财务管理工作的各个阶段，完成财务管理工作的步骤或程序。财务管理的基本环节有：财务预测、财务决策、财务计划、财务控制、财务分析。它们相互配合、紧密联系、周而复始的循环过程，构成完整的财务管理工作体系。

(1) 财务预测

预测是对未来事件或现在事件的后果做出估计，以把握未来不确定性的活动。**财务预测是企业财务人员根据财务活动的历史资料，把握企业理财环境，考虑现实的要求和应追求的目标，**运用科学的预测方法，对企业未来财务活动及财务成果所做的预计和推断。

财务预测的内容有筹资预测、投资预测、营业收入预测、成本费用预测、利润及其分配预测、财务状况综合预测。

财务预测的一般程序是：确定预测对象和目标；制订预测计划；收集和整理财务信息资料；建立预测模型；选样预测方法，确定预测值；分析预测误差，修正预测结果；编制预测报告。财务预测是建立在真实可靠的相关财务信息资料之上的，信息资料的取得主要依赖于询问调查、实地观察、资料分析等方法。

财务预测的方法可分为定性预测和定量预测法。定性预测法是指利用直观资料，依靠个人经验的主观判断和综合分析能力，对企业未来财务状况及其趋势做出预测的一种方法，可采用以下几种具体方法来完成：经验预测法、调查预测法、因素测算法等。定量分析法是根据历史资料以及变量之间存在的数量关系，通过建立数学模型，对企业的财务状况及其发展趋势做出数量描述的一种预测方法。可分为以下几种具体方法：趋势外推法（历史资料延伸法、时间序列法）、因果预测法、联合预测法等。

企业财务预测方法多种多样，上面所列举的方法远未穷之。在应用时，要注意定性与定量方法并不是互相排斥的，而是相辅相成的，可以有机地结合起来。定量预测运用数学模型，逻辑严谨可靠，预测值较为客观，但它以“未来是过去的延伸”假设为基础，而且数学模型中无法包含所有因素；定性预测着重对未来变化方向即“质”的预测，特别适用于历史资料缺乏或不适用以及不易或不能量化的因素预测，但它囿于人的洞察力、阅历与知识能力，容易产生偏见。**由此可见，两者各有长短，且能互补，完全可以将二者结合起来运用，以提高财务预测的科学性和准确性。**

(2) 财务决策

决策是人们运用科学理论和方法，对未来实践的方向、目标以及达到目标所采取的方法、途径、策略所作出的选择。财务决策是企业财务人员在财务管理目标下，以若干个由财务预测提供的备选财务活动方案中，选取最优方案的过程。财务决策是企业财务管理的核心，包括筹资决策、投资决策和收益分配决策。

财务决策的一般程序为：

- 确定财务决策对象和目标；
- 根据财务预测提出各种备选方案；
- 选择决策标准和方法，对备选方案进行评价，选定最优方案；
- 实施选定的方案，进行跟踪再评价。

针对不同的财务决策内容，决策方案会有所差异。另外，财务决策方法与财务预测方法在很多情况下是可以通用的。按决策的条件是否一定，决策可分为确定型决策、风险型决策和不确定型决策。

(3) 财务计划

财务计划是运用科学的技术手段和数学方法，对目标进行综合平衡，制订主要计划指标，协调各项计划指标。财务计划是财务预测所确定的经营目标的系统化、具体化，又是控制财务收支活动、分析生产经营成果的依据。

财务计划的主要内容有：筹资计划、投资计划、收益分配计划。财务计划的典型形式是财务预算。财务计划最终以财务预算的形式表达。

编制财务计划的一般程序是：

- 根据财务预测所提供的数据及财务决策的结果，全面安排实现企业财务管理目标的各项计划指标；
- 对各项计划指标进行协调，保持钩稽关系，实现综合平衡；
- 具体落实各项计划指标的数字，按规范表格编制财务计划。

（4）财务控制

控制是人们在动态环境中，为保证既定目标和计划实现而采取的检查、调整和纠偏活动或过程，是落实计划并保证计划实现的有效工具。计划一旦进入执行过程，管理的重心将转移到控制。如果说决策和计划是在“做正确的事”，则控制是在“正确地做事”，只有二者珠联璧合——“正确地做正确的事”，才能最终实现既定的管理目标。一个完备的控制系统，应该由组织系统、信息系统、考核评价系统、激励系统等构成。财务控制是企业在执行财务计划过程中，利用财务信息，运用特定方法，对企业财务活动施加影响，进行检查、监督、调节和引导，以保证财务活动沿既定的“轨道”运行。财务检查、财务核算（会计核算）、财务考核评价均寓于其中，其中财务核算是为财务控制提供信息的。财务控制的内容包括对筹资过程的控制、对投资过程的控制、对收益分配过程的控制。

财务控制的一般程序是：第一，制定控制标准。第二，按控制标准执行财务计划（预算）。第三，记录和计算实际执行结果，确定差异大小及其性质。第四，调查差异形成的原因，判明责任归属，采取有效措施消除差异。**尤其值得注意的是，当计划或标准本身存在问题时，则应调整计划或标准，以适应变化了的理财环境**。第五，根据岗位责任制，考核评价各项财务计划指标的执行结果；按照奖罚制度，实行奖优罚劣，起到激励作用。在整个财务控制过程中，应始终贯彻“例外管理原则”，确认“例外”的标准通常有重要性、一贯性、可控性和特殊性。

（5）财务分析

分析是把一件事物、一种现象、一个概念分成较简单的组成部分，找出这些组成部分的本质属性和彼此之间的关系，以最终从整体上进行把握。

财务分析是以企业财务报表反映的财务指标为主要依据，采用一系列专门的分析技术与方法，以揭示各项财务指标之间的内在联系及其所体现的经济含义，并对企业的财务状况和经营成果进行分析评价的一项管理活动。

通过财务分析，可以掌握各项财务计划指标的完成情况，评价财务状况的优劣，研究和掌握财务活动的规律，及时揭示财务管理中存在的问题，有助于采用有效的控制措施，**保证财务计划及财务制度的执行。**

财务分析的一般程序是：

- 确定分析目的；
- 制定分析方案；
- 收集数据信息；
- 核实并整理信息资料；
- 分析现状，回答分析目标；
- 作出分析结论，撰写分析报告。

财务分析的主要做法：比较分析法、比率分析法、趋势分析法、连环替代法、结构分析法、图解分析法、综合分析法等。

财务管理的基本环节有：财务预测、财务决策、财务计划（预算）、财务控制、财务分析。它们相互配合，紧密联系，形成首尾相接、周而复始的循环过程，构成完整的财务管理工作体系。**必须指出的是，每一基本环节的完成过程又可形成一个小循环，如财务控制环节中，需要预测、决策、分析等。**另外，有人直接将财务管理环节称为财务管理方法，我们认为是不妥的。环节本身不是方法，而完成每一环节的工作则需用方法，这才构成财务管理方法，如完成预测工作就需用预测方法，但我们不能说预测本身就是方法。

3. 企业理财创新内容的构想

传统的企业理财包含了企业资金的筹集、运转（货币资金和非货币资金）和分配的全部过程。

纵观企业理财的发展历程，可大致分为 3 个依次继起的阶段：一是 19 世纪末 20 世纪初开始的传统理财阶段；二是 20 世纪 30 年代理财理论由强调筹资的“传统理财论”向“综合理财论”转变的阶段；三是60年代开始的现代理财论阶段。

随着知识经济的到来，企业理财相应地进入了新的变革阶段，以高技术和知识创新为核心的企业理财理论创新成为必然。一般认为，知识经济条件下的企业理财创新内容包括以下9个方面。

（1）理财观念的创新

知识经济于20世纪80年代已初露端倪，90年代发展趋势日益明显，其显著标志是主要发达国家工作场所正发生本质的变化。**以物品为基础的生产明显地转向高技能、高技术和以服务为基础的增长**。在这一时代，知识本身的稀缺性及知识的生产效率，将成为社会经济发展的制约瓶颈；也正是在这一背景下，知识需求才成为人类实现其他一切预期目标的前提，知识生产本身才成为社会经济生活的中心。社会经济组织形态、社会生活结构方式、人的价值原则、过去适应工业文明要求的知识观等，都要围绕知识生产潜力的开掘进行空前和深刻的改造。在知识经济下，理财观是知识理财观，是以知识创新为本的理财观，要按照这一观念要求，按照尊重知识创新的原则，完善理财方法。理财的过程要以激励人为宗旨，充分发挥知识创新的主观能动性。

（2）理财假设创新

在知识经济下，从理财的空间、时间、环境、对象和理财行业等几个方面考虑，理财假设有以下变化。

①理财主体假设。在传统的财务管理中，理财主体是独立的法律实体。在知识经济条件下，知识创新者因经营性理财而成为新经济下的理财主体之一；同时，由于企业组织结构弹性化、竞争策略联盟化、生产形态虚拟化，企业主体呈现虚拟化的特征。因此，知识经济条件下的理财主体呈现二元化特征，知识创新者是个人经营理财，企业理财则更多地由专业的财务中介公司代理进行。

②公允理性理财假设。在知识经济条件下，社会专业化分工日趋严格，理财技术不再是每个企业都具有的竞争优势，理财活动将由专业的理财公司承担。为维护诸如策略联盟企业各方的权益，**理财活动就必须是**

“公允”而“理性”的，体现公正、公平、公开、科学的原则。

③持续投资假设。在知识经济条件下，高技术创新企业的研发过程是一个不断追加投资的过程，中断投资意味着企业的消亡。必须不断通过各种融资手段投入资金进行研发工作，以保证知识创新企业的存在。

(3) 资本构成内容创新

知识经济从更宽广的范围上拓展了企业的经济资源，使企业资源观念日趋多元化。20世纪50年代以来，科技进步的加快与经济增长动因结构的巨变，引发了资源观念的革命，即传统的一元物力（物力和人力资产）资源开始向二元资源观转变。知识资本的出现使企业的产值不只体现在企业规模的大小，而且越来越体现在所拥有知识资本的数量上，知识成为一种商品，其产值在交易中体现出来。**这说明企业的价值与传统的财务中有形资本的概念相脱离。**

(4) 理财手段创新

理财手段是多种多样的，最重要的是资本聚集的方式。在农业经济社会，理财手段更多的是使用权力；在工业经济社会，理财手段是市场；在知识经济下，理财手段是知识。

(5) 理财过程创新

传统经济下的企业理财过程是：企业首先获得所有者注入资本；在生产经营过程中，获得债权人的资金注入；企业投出所注入的资金，形成以工业技术载体（固定资产）为核心的资本组合；利用资本获得回报（以所有者为主）。

而在知识经济条件下，企业的理财过程表现为：知识创新者注入种子资金创业；引入风险投资（多次、联合）后研发成功；资本二级市场上市融资；知识资本回报和风险资本退出。

(6) 理财机制创新

知识经济条件下理财机制创新分为两个层面：一个是企业层面，另一个是政府层面。企业层面的机制创新是站在企业角度，建立能够有效地评价和激励高技术创新者和管理创新者的创新能力和水平的理财机制。

①激励技术创新管理者的理财机制创新。工业经济时代，企业的激励理财机制，一般主要与短期或当期经营效果（收益）相联系，所以基本工资和短期奖励（如季度和年奖）是报酬的基本表现形式。**这样，经理人才的战略性创新行为的长远效果因当下的激励财务工具无法反映而被抑制。**知识经济的理财机制就是要有效地解决这一矛盾，使创新管理者能同企业的战略性未来结合在一起，使管理者更倾向于为了战略性利益而进行管理创新，也能使高技术创新者追求创业成功的目标。比较有效的产权激励机制，一个是管理人员的股票期权，另一个是风险投资家的产权收益安排。

②激励高技术创业的理财机制。相对于管理创新者，高技术创新者可独立于大企业或科研院校进行创业，他们不但可获得大于50%的技术产权，且在同风险投资者结合时可获得大于50%的产权。创业者的素质，因为风险投资者的进入，得到了前所未有的激励。创业者一般继续做老板，只有在不得已的时候，才会被职业经理取代，或由风险投资者做经理。通过产权的初始激励与合作激励，风险投资企业可以在风险投资者的合作下，发展壮大并走向上市，使创业者获得成功。

第二章 筹集资金，扩大财力

资金作为企业的一个重要生产要素，是企业生产经营活动顺利实现的第一推动力、持续推动力。任何企业要进行生产经营活动，都必须首先筹集到一定数量的资金，才能开始经营；在企业生产经营过程中，由于季节性和临时性等原因，以及扩大再生产等，也同样需要筹措资金。因此，企业筹资既是企业生产经营活动的前提，又是企业再生产顺利进行的保证。同时，筹资的数量与结构直接影响企业效益的好坏，进而影响企业收益分配。因此，筹资在公司经营中处于极其重要的地位。

应提醒企业筹资管理者注意的是，企业在筹资时应考虑资金来源、使用时间长短、附加条款的限制、财务风险、资金成本等问题。

一、筹措资金的意义与一般方法

资金是企业的血液，一旦供血不足，企业就会陷入倒闭的绝境，而资金匮乏这一风险却往往自始至终伴随着企业的成长发展过程。这几乎是一件令每一个企业都倍感头疼的事情。

面对资金不足的难题，解决的办法之就是进行筹资。

1. 资金是维系企业生命的血液

任何一个企业，为了保证其生产经营的正常进行，必须持有一定数量的资金。**资金是企业进行生产经营活动的必要条件。**由于季节性和临时性，或由于扩大生产经营规模等原因，需要筹集资金。因此，资金是维系企业生命的血液，资金筹集既是企业生产经营活动的前提，又是企业再生产顺利进行的保证。供“血”不足企业就会发生“贫血”，严重者甚至导致“死亡”。同时，筹资也为投资提供了基础和前提，没有资金，就无法进行资金的投放。从一定意义上来讲，筹资的数量与结构直接影响企业效益的好坏，进而影响企业收益分配。因此，筹资在企业经营中处于极其重要的地位。

所谓筹资，是指企业根据其生产经营、投资以及调整资金结构的需要，从外部有关单位或个人以及企业内部筹措和集中生产经营所需资金的财务活动。

很多人都说自己是经营天才，但许多有此豪情壮志的人其实并没有在商海中搏击的能力。不过这些想法却反映了一个重要的基本事实，这就是不管个人也好，企业也好，在创业时需要本钱，也就是需要创业资金。而且万事开头难。赚第一个1万元很难，第二个1万元就容易多了。赚第一个100万元可能得耗去整个青春，但第二个100万元可能就在不经意中完成了。因此，许多有志创业者都在思索这个问题：如何弄到创业资金呢?

最重要也最可靠的企业资金就是所筹措来得的股本，也就是没有还款期限的资金。对于每个白手起家的或接近白手起家的企业家来说，筹措第一笔资金，尤其是第一笔不用还的股本肯定会有一段“辛酸血泪史”，也是发家之后向别人宣传自己的“卖点”。

2. 企业筹措创业资金的三种方式

（1）筹借股本

创业时，企业最梦寐以求的是股本金。如果所创立的是股份有限公司，就可以发行股票，向股东筹集资金。向股东筹集来的钱在企业存在的期间是不用还本付息的，所以是最安全、最稳定的资金。股份有限公司一般情况下是不退股的，但股东转让股份一般是允许的。在一些特殊情况下，公司也有减少股本的情况，但不到非常时期（如遇到重大亏损），不要减少股份。因为公司减少股份，给客户、供应商和银行的感觉就是“这个公司快不行了”。公司减资是万不得已的下下之策，它唯一的好处就是以股本冲销亏损，使亏损额看起来不会那么大。

在创业之前，有人肯入股肯定是一件很幸运的事。可能企业经营者有极好的口才，能说服对企业没信心的人，让其对企业充满信心；也可能是业主有特殊的优势，例如人际关系网络发达，办事方便，一般不会碰到一些麻烦。不过，即便如此，一般有些企业业主也只肯接受亲戚朋友的入股，而不愿扩大募股对象。

什么情况下会使业主拒绝“此等美意”呢？别忘了入股之后是要按股份分红的，入股之后股东也有一定的发言权。**有些业主不喜欢外人指手画脚，因此就不愿向外人募股**。因为亲戚朋友入股数量不多，或者不太集中的话，一般是不会干预的，有的更是“友情扶助”，而对企业经理管理一窍不通或毫无兴趣。

还有一种情况就是企业成立之时，因为某种特殊原因（例如，产品销路毫无问题），业主认为企业将会盈利丰厚，且很稳定。这时他甚至会认为让谁入股是给谁好处，给谁面子。在这种情况下，企业是不会向外人募股的。

企业在成立之后，于经营过程中往往也会需要增加股本，这就是所谓的增资扩股。但是，若企业在增资扩股之前发生亏损，或业绩很不理想，无法分发红利，在这种情况下，大部分股东肯定是不愿意增加投资的。如果想由增资扩股得到新的股本，一定要尽力提高企业的业绩。良好的业绩会使企业在增资扩股时减少阻力；在盈利非常丰厚之时，股东自己甚或会非常希望追加投资。

（2）捷径——利用借款进行资金周转

中国不少企业家成名之后都津津乐道当年自己如何“空手套白狼”。也可以说，因为融资渠道较少，中国不少集体企业、私营企业是靠借款开始经营的。他们的最初资本金很少甚至为零。当然，在“拨改贷”时期，也出现了一批资本金为零、完全靠贷款建起来的国有大中型企业。因此在实践中，借款确实成了一批企业家的“第一推动力”。

而且从手续以及时间方面考虑，借款的确是比筹集股金方便多了，是一个简捷的筹集资金的方式，可称为筹资捷径。对企业主来说，借款往往与筹集股金一样，只能向亲戚朋友借，凭借的是自己的信誉和双方的交情。企业主向银行借款作为创业资金也不能说没有，但他们走的往往是偏门，用的往往是不合法的手段，例如先注册一个皮包公司，向别的关系好的公司挪借一些钱充作股金，骗取银行贷款后，再把“股金”（其实是假股金）还给其他企业。

当然，无论如何，借到钱是一件愉快的事情，但还钱肯定是一件令人苦恼的事。资金充裕好办些，在资金不足且要还款的情况下，苦恼就大了。不过即使有还钱的苦恼，即使企业情况不佳，甚至生存都有危险，能借到钱也比借不到钱要强，因为借到钱后，手头就有资金供周转。公司有机会“翻本”，有机会改善经营管理，有机会走出困境。在困境之中借不到钱的话，公司很可能就只有死路一条了。

在这样一个规律下，穷人借不到多少钱；富人往往负债多，敢于负债。企业的道理也一样。自有资本越多的企业，越能借到钱，所以公司规模往往远远大于自有资本。这样，企业在很大程度上依赖于借新还旧来维持周转。一旦借入款因某种原因停止时，企业很快就会陷入资本周转不灵之中。

（3）第三种道路：资产减少＝资金增加

应该说从严格意义上讲，创业资金只能来自股本和借款，因为在创业时，企业是一无所有的。这里讲的是处于“婴儿期”的企业获取资金周转本钱的特殊方法。

企业获得创业资金后，就可以用资金来购置资产。此时企业创业不久，属于“婴儿期企业”，很容易碰上资金不足。在这种情况下企业当然可以想办法再筹集股金和借款。不过由于有了一些资产，因此这时企业多了一个道路可供选择，即减少企业前期由资金变成的资产。把它们变成资金，以此来增加资金。

一般来说，企业的资产划分为流动资产和固定资产两类。企业的流动资产包括在库存现金、银行存款、短期投资、应收票据、应收账款、预付账款、其他应收款、存货等；而企业的固定资产则包括厂房、机器设备等。

如果在缺少周转资金的关头，有商品能出售，并能收回现金的话，那当然能增加企业的周转资金。若刚好收回应收账款，兑现应收票据的话，资金也能增加，这样一来企业就太幸运了。如果在这个时候，没有这些项目可供转化为现金，募集股金和向外借款之路又走不通的话，那么企业只好利用闲置的机器设备或厂房，将它们出售出租，以求带来资金的流入。同样道理，在这时候，果断减少进货的数量，减少应收账款、应收票据也能节约资金，而把本来用于这些项目的资金用于更急缺的项目之中。

但是在商品赊销时，若以应收票据的形式取代应收账款的话，并不会立即带来资金的流入。当然，应收票据还是强于应收账款的，企业可以用它贴现换取资金。

总的说来，在企业创业时期，应该从企业的已有资金量出发，制订一个合理的目标，不能“一口吃成大胖子”。一旦资金周转不灵，企业告贷无门，募股不能，被迫走“第三种道路”的话，其实是企业发展中的暂时收缩，是一种暂时开倒车，这对企业发展的创伤是很重的。

3. 企业怎样从银行借钱

在现代市场经济中，善借主要是从银行贷款，是每一位成功企业家必备的招数，是以少胜多、以小搏大、以弱制强的理财谋略。这种省力、省时、识时务的谋略，是企业走上快速发展的捷径。那么，企业怎样才能从银行借到资金呢?

(1) 在与银行交往中力争主动

很多人总认为自己的经营管理能力不错，所欠缺的只是资金。许多企业家认为就是因为缺少资金，否则企业肯定不是现在的样子，肯定发展得比现在快多了。

的确，目前我国还是发展中国家，资金供求缺口较大、资金供应偏紧是一个较长时期存在的问题。对于企业来说，融资渠道比较狭窄，向银行借款也难得多。在这种情况下，不少企业与银行来往时，可能会觉得自己有求于银行，总有低人一等的感觉。

其实，只要采取正确适当的策略，力争主动，积极与银行交往，是能与银行搞好关系的。**与银行搞好关系对于资金需求旺盛的企业来说，特别具有现实意义。**

在改革日新月异的今天，银行与昔日相比有了很大变化。以前专业银行信贷采取规模控制，对信贷质量缺乏实质性把控，而那时企业资金缺口也较大，在这种环境下，银行是处于有利的地位，甚至可以说客户要仰银行鼻息，尤其是小客户更处于不利的境况之中。现在专业银行已制成商业银行，商业银行的经营目标是追求盈利最大化。

他们也希望能找到好企业，把钱放出去。银行眼中的好企业自然是指盈利可靠，能还本付息的企业而不分国有私有、大企业还是中企业。对于民生银行等新兴商业银行来说，他们网点较少，低成本的活期存款不是太多，所以他们的资金成本较高，因此他们非常重视客户开拓。企业需认识到银行也是企业，是经营货币的特殊企业，他们也希望“有生意做”，因此，企业应该有信心主动与银行处理好关系。

其一，企业应了解银行在信贷方面的规定和要求，做到“知己知彼”。例如银行规定亏损企业并不是一定不能给予贷款，对于有销路的产品可以给予专项贷款。换句话说。企业经营虽然亏损了，但有些产品还是有竞争力的。银行可以针对有竞争力的产品的开发、生产、销售发放贷款，希望以这个有盈利能力的产品带动企业走出困境。**这时，亏损企业申请贷款的报告就可以“有的放矢”地强调有盈利能力的产品。**

其二，企业要获取与银行交往的主动权。赢得银行的信任就应主动让银行了解企业的经营状况，让银行看到企业良好的发展前景。企业应向银行编送借款计划，提供生产计划、财务计划、提供统计、会计报表，主动向银行介绍资金运用状况和企业的经济效益，主动让银行信贷部门了解本企业经济状况。

什么是最让银行高兴的消息？股东增资。因为现代企业大多数是有限责任公司，公司破产后，股东以出资额为限承担有限责任，银行往往是最大的损失者。所以银行听见企业预测未来光明，却只见企业来银行借钱，负债率不断攀高，这会让银行起疑心：前景那么光明，为什么不增资扩股，而老向银行借钱呢？增资是股东对企业有信心的最好的证明，而且往往比会计报表有说服力得多。因此，若要企业规模有大突破，适当让股东增点资会有较好的效果其所产生的“示范效应”会让银行比较敢于增加对企业的贷款。

其三，企业要想在与银行的交往中，保持积极主动，就应该努力提高借款的资金使用效率，挖掘资金潜力，加速资金周转，加强内部管理。向银行借款时，举出实例向银行证明企业在挖掘内部资金潜力方面已尽力了，这样肯定会让银行觉得你借钱是比较慎重的，进而就会比较认真地考虑企业的贷款申请。

此外，企业还需要注重和提高银行信誉，遵守借款合同，按时还贷。这样的企业是银行乐意与之交往的企业。

其四，处境较为困难的企业一定要向银行展示其具备长远的规划（即“有远见”），有科学的管理和积极的改善经营的措施。一般说来，企业与人一样，很少一直都处于顺境。“有远见”、管理科学、积极进取的企业有了暂时的困难也较容易得到银行的支持。而资金调度混乱、借款计划随便的公司即使暂时赢利，也会让与之来往的银行捏一把汗。

其五，聘请银行为财务顾问。**一般说来银行考察企业的银行账户就能知道企业资金调度的大概情况**。因此，“瞒”往往是不容易的。高明的策略可以聘请银行为财务顾问，既可获得银行的专业指导，又使银行体谅到企业资金调度的苦衷。若财务顾问判断出什么时间最好借入多少钱，这时向该银行借款应该是很轻松的事。聘请银行当财务顾问就是让银行站在企业的角度思考问题，这是企业与银行交往争取主动的好方法。这个方法的缺点是成本较高，需要支付给银行一笔顾问费。再者如果企业规模不大，银行可能不屑于当顾问，而且企业商业秘密可能会泄露。

总而言之，企业不应在有借款需求之时才“临时抱佛脚”，而应在平常多与银行联系，使银行对企业的了解较深，便于争取与银行交往的主动地位。这样一来，需要借款时就比较不会受到银行的拒绝。

(2) 向银行借款的操作程序

①企业提出借款申请。企业需要向银行借款，应当向主办行或其他银行的经办机构直接申请，填写《借款申请书》。申请书的内容有借款金额、借款用途、偿还能力以及还款方式。同时向银行提交以下资料:

- 借款人以及保证人的基本情况。
- 财政部门或会计（审计）事务所核准的上年度财务报告，以及申请借款前一期的财务报告。
- 原有不合理占用贷款的纠正情况。
- 抵押物、质押物清单和有处分权人的同意抵押、质押的证明及保证人拟同意保证的有关证明文件。
- 项目建议书和可行性报告。
- 银行认为需要提供的其他有关资料。

②银行的审查和审批。银行接受企业的借款申请后，按企业的领导者素质、经济实力、资金结构、履约情况、经营效益和发展前景等因素，对其信用等级进行评估，并对借款的合法性、安全性、营利性等情况进行调查，核实抵押物、质押物、保证人的情况，测定借款的风险度，银行审查人员对调查人员提供的资料进行核实、评定，复测借款风险度，提出意见，按规定权限报批。

③签订借款合同。银行审查借款申请之后，若认为各项均符合规定，并同意贷款的，就与借款人签订借款合同。在借款合同中约定借款种类、借款用途、借款金额、利率、借款期限、还款方式、借贷双方的权利与义务、违约责任、纠纷处理及双方认为需要约定的其他事项。

④提取借款。借款合同在签订之日即发生效力，银行要根据借款合同规定按期发放贷款，否则，应偿还违约金。企业可按借款合同办理提款手

续。**企业的提款应在合同规定的期限内按照计划一次或多次办理。**

⑤银行贷后检查。企业提取借款后应接受银行对其资金使用情况和有关生产、经营情况及财务活动的监督。一般在贷款发放后的7~10天，银行要对借款用途、借款的物资保证情况、企业还款来源能力以及商业企业的库存情况进行跟踪检查。对未根据借款合同使用借款的，要提出处理意见，经同意后执行。

⑥归还借款。借款企业应当根据借款合同规定按期足额归还借款本息。

一般情况下，银行在短期借款到期前1个星期、中长期借款到期前1个月，向借款企业发送还本付息通知单。借款企业应及时筹备资金，借款到期时，由其主动开出结算凭证，归还借款本息或由银行从其存款账户上扣收借款本息。

(3) 巧妙地寻求担保

银行借款给企业时非常在乎这笔贷款的安全性。有些知名大企业是用不着担保的，甚至还以寻求他人担保为耻。但对大多数企业来说，找到适当的担保人常是获得贷款的前提。自己信用不足的企业提高自己的借款额的主要方式一个是靠抵押，另一个就是担保。对于创业期的企业，特别是指望银行多少贷一点启动资金的处于创业初期的企业而言，没什么值钱的抵押物，在这种情况下，找到一个合适的担保人应该是最可行的方法。

所谓担保，是指担保人和债权人约定，当债务人无力或拒绝履行债务时，担保人按照约定履行债务或者承担责任。贷款担保就是担保人以自己的信誉和财产为获得银行或其他金融机构贷款的单位和个人提供的保证，一旦借款人到期不能归还贷款，担保人必须清偿银行的债权。

企业可以找一般公民为担保人。**但一般和企业没关系的人是不会替企业出面的，而且担保人应具有较高的经济地位和社会地位。**

不过企业更多的是寻求经济组织为担保人。能作为担保人的经济组织，必须具有法人资格，属于企业性质，有令人信服的盈利能力。什么经济组织愿意为企业提供担保呢？最有可能的是业务关系密切的企业。

现在在经济发达地区，如深圳，正在筹建中企业信用担保体系。该体系建立之后，求贷无门的中企业就可以试试这个途径，看能否从中企业信用担保机构获取贷款担保。

(4) 选取合适的抵押品

贷款的另一种常见形式是抵押贷款。所谓抵押贷款是指用财产担保的贷款。即银行要求借款人（抵押人）向贷款方（抵押权人）提供一定的抵押品作为保证的贷款方式。如果借款方不能按期偿还贷款本息，贷款方有权处置该抵押品，并优先受偿。抵押贷款方式大大减少了债权人的贷款风险，为债权人收回贷款提供了有效的保障。

对于经济实力较弱的企业来说，抵押贷款是较常用的方式。

①选择的应该是能自由买卖的财产。这是确定抵押品的前提条件。因为国家规定，企业不能还款时，银行不能直接将抵押品冲抵贷款，而必须对抵押品进行拍卖，然后以抵押品拍卖得到的钱冲抵贷款。所以，选择的应该是能自由买卖的财产，否则无法拍卖。

②抵押品一般不能全额抵押。例如值10万的机器，银行可能规定只能为6万元的贷款作抵押。相对来说，抵押品的价格波动越小，风险越小，抵押额就越高，打折就越少。反之亦然。价格波动大的物品可能只能以市值的四五成作为抵押价值。通俗地说，易于变卖的抵押品风险小一些，不易变卖的抵押品风险相对大一些。

③银行希望选择对借款人在经济上有重大影响的财产如借款人的贵重财产或生产经营必需的财产等作为抵押品。而对企业来说，努力的方向当然是选取不是关键的生产设备或财产作为抵押品。

表2-1　抵押品的选取

能作为抵押品的财物	不能作为抵押品的财物
①有价证券，国库券、股票等 ②房地产 ③机器设备 ④金银制品 ⑤无形资产 ⑥私有财产	①法律禁止买卖的自然资源、军火、土地所有权证等 ②使用中的宿舍、图书馆等公共福利设施 ③海关监管物资 ④流动资产（包括栈单、提单） ⑤所有权有争议或非借款人所有的物品 ⑥全价抵押过的财产 ⑦租用、代保管、代用财产 ⑧到期应收未收债务

随着市场经济的不断发展，企业数量将会不断增多，银行也会面临越来越多的这样的客户。在办理企业贷款时，抵押物的内容包括生产资料与生活资料。生产资料的主要内容在上表左栏已列出，企业借款时，将有很大一部分是以生活消费资料充作抵押物。这主要包括：

①有价证券。包括私人购买的国债、股票、保单等有价证券，尤其别忽略了人寿保单也是一种有价证券。

②珠宝文物。这是指私人所有的贵重的珠宝器物、珠宝首饰、名贵古玩、字画等。

有时候，企业主会有困惑，为什么他不惜血本，以家传文物古董去抵押，一般银行并不接受。这是因为文物古董属于国家限制流通物，所以处理方法比较特殊一点。**最高人民法院规定，以法律限制的财产作抵押的，应当由有关部门收购**。若以文物古董去抵押，在以抵押物清偿债务时，文物古董应由文物管理部门统一收购。抵押人可以从价款中优先受偿。换句话说，区别只有一点，偿还普遍贷款时，一般是拍卖或变卖抵押品；在文物古董作为抵押品时，必须由文物管理部门收购，而不是由市场拍卖变现。所以，银行并不是很欢迎以文物古董作抵押。

（5）确定借款额度和期限

①如何确定借款额度。选择借款种类后，就要确定借款的具体额度和偿还贷款的期限。银行信贷资金之所以不同于财政资金的一个重要区别，就是贷款不仅要按期偿还，还要支付利息。根据经济学的基本原理，借款额度应以实际需要而定，不能多多益善。否则，将不利于降低成本，提高经济效益。

还有一个有利于降低融资成本，却为大多数厂长、经理经常容易忽略的技巧，这就是一次签订借款合同，根据实际情况分次（两次或两次以上）借入，分次使用贷款。下面以技术改造贷款举例。

例 某企业拟进行技术改造，除企业自筹资金30万元之外，还需向银行贷款100万元，贷款利率为月息7.05‰。根据技术改造项目的进度和已落实的设备购置合同，本次技术改造的设备需分3次采购，贷款分3次支付，每次设备购置的间隔期均为2个月。第一次采购价值60万元的设备，其中用自筹资金支付30万元，用贷款支付30万元；第二次用贷款购价值40万元的设备；第三次用贷款购价值30万元的设备。12个月内全部还清贷款本息。现有两种借款方法：

第一种：一次签订借款合同，一次借入全部贷款、分次使用。贷款利息为：1 000 000×7.05‰×12=84 600（元）

第二种：一次签订借款合同，分次借入、分次使用。贷款利息为：300 000×7.05‰×12+400 000×7.05‰×10+300 000×7.05‰×8=25 380+28 200+16 920=70 500（元）

显而易见，采取一次签订借款合同，根据实际用款需要分次借入，分次使用贷款的利息支出，比一次签订借款合同，不根据实际用款需要一次借入、分次使用贷款的利息支出，要节省1.41万元（8.46万元-7.05万元=1.41万元）。由此计算的实际贷款利率水平，就不是月息7.05‰，而是月息5.875‰，利率水平降低了1.175个千分点。企业的厂长、经理如能通过上例举一反三，在条件具备的情况下合理确定借款额度，将使企业降低融资成本、提高经济效益收到立竿见影的效果。

②确定合理的贷款期限。目前，银行贷款实行的是期限利率，并对到期不能偿还的逾期贷款加收利息，对部分贷款种类实行计收复息的计息方法。期限利率即根据占用贷款时间的长短确定贷款利率高低，如流动资金贷款，6个月期的利率为月息6.75‰，1年期的利率为月息7.2‰；基本建设贷款，1年以内（含1年）期的贷款利率为月息7.05‰，1年以上至3年（含3年）期的贷款利率为月息7.95‰，5年以上期的贷款利率为月息8.1‰。

外汇贷款利率不像国内工商流动资金贷款、技术改造贷款、科技开发贷款、基本建设贷款那样实行固定利率，而是参照伦敦金融市场银行同业拆放利率（LIBOR）的变动，实行浮动利率。

企业与银行商定选择按1个月、3个月、6个月及1年期实行浮动，借款企业向银行借款时选定的利率在1个月、3个月、6个月或1年内是固定不变的，超过选定期后，贷款利率开始按变动的利率计息。

外汇浮动利率贷款的计息方法虽然比较复杂并不易把握，但浮动期长的贷款利率总高于浮动期短的贷款利率。逾期贷款有四种情况：一是超过原借款合同规定的，贷款未能偿还；二是超过展期贷款的，贷款仍不能偿还；三是结算贷款在调整日，不能偿还；四是借款合同规定有分期还款的贷款，未能按照分期的期限偿还的贷款。

以上四种情况，银行均按规定加收20%的罚息。计收复息是指借款单位在银行计收利息日（每季最后一个月的20号为计收利息日）若无足够资金支付利息，银行按规定将未能支付的利息金额加入贷款本金计算复息。**目前采取计收复息的贷款种类有工、商流动资金贷款、技术改造贷款和各种外汇贷款。**

不言而喻，占用贷款的时间越长，利率水平越高，企业贷款利息支出越多；而确定的还款期限过短又很容易造成贷款逾期，不仅失去信用，还直接导致银行加收利息和计收复息的双重损失。这确是难以处理又必须处理好的一对矛盾。

其处理的方式有两种：一是通过采取切实可行的措施，加快资金周转，缩短贷款的占用时间，以此来相对减少贷款利息的支出；二是事先经过认真计算后，确定期限较短的还款期限，这也不失为相对减少贷款利息支出的好办法。但是这种方式的问题是，到时能否偿还贷款本息，如果不顾资金周转和筹集偿还贷款本息资金能力的客观条件，单纯为减少贷款利息支出贸然确定一个较短的还贷期限，是得不偿失的，只能是弄巧成拙。到时不能及时、足额偿还贷款本息，不仅要承受银行加收20%的罚息，自毁信誉，还要多支付贷款复息。

由此看来，在与银行签订借款合同时，不能凭主观愿望人为地缩短贷款的偿还期限，应根据本企业（项目）经济活动的内在规律，在综合资金周转情况、货款回笼情况、还本付息的资金来源及落实情况、技改、基建项目工程进度、竣工投产后的经济效益等诸多因素的同时，遵循“确有把握、留有余地”的原则，确定符合实际情况的贷款偿还期限。

4. 通过民间借贷筹集资金

在民间广泛存在着游离于银行或非银行金融机构外的个人资金。这些资金伺机而动，将根据资金市场的动向投向最有价值的项目，这种民间资金来源渠道也同样可为企业所用。

民间借贷按利率高低可分为三个市场，即高利贷市场、灰色市场（中等利率融通市场）和友情借贷市场。

友情借贷市场的借贷活动主要是亲朋好友、邻里之间的借贷活动，借贷目的并非为了盈利，纯粹出于友情互助，利率很低，甚至没有利息。**当企业资金周转不灵且没有别的方法不得不求助于民间金融市场之时，应尽量利用友情借贷市场。**这种借贷的代价是欠人情，这是许多企业管理者非常不愿意的。二来借贷额小，往往是“杯水车薪”。而且使用这种借贷方法一定记住打借条，实践证明，“先小人，后君子”比没有书面凭证，到时纠缠不清强多了。

灰色借贷市场是中等利率融通市场，是中国民间金融市场的主体构成部分。这个融资市场主要为民间生产与流通服务，对民间经济的发展有着巨大的推动作用。

高利贷市场是高息吸收资金、高息贷放的市场，理智的企业是不应涉足这个市场的。认为资金周转困难时，企业获取资金的需求强烈，或以为建设的项目盈利丰厚，付点高息不算什么，都是错误的想法。

5. 利用租赁进行融资

租赁是指出租人在承租人给予一定报酬的条件下，授予承租人在约定期限内占有和使用财产权利的一种契约性行为。租赁融资即出租方融通资金引进用户所需设备，长期租给用户的行为，其实质是用户得到一批专用于购买设备的贷款。

（1）租赁融资的好处

租赁融资，对企业来说，有以下4点好处：

其一，通过租赁，企业不必支付一笔款项，而只以很低的租金就能获得某项资产或某个企业的使用权，从而为企业提供赚钱的机会。

其二，因为市场竞争激烈，机器设备及产品更新换代快，周期日益缩短。所以，一旦产品及设备更新换代，而原有的机器设备的折旧又还没有完全收回，这时，企业就要遭受重大的机器设备贬值的损失。**在这种情况下，企业采用租赁的方式，比购买机器设备等资产要主动和灵活得多。**

其三，对于刚创业的企业来说，由于资金十分短缺，而借钱很难，这时，每一件设备都由企业自己购买可能并不划算，也难以办到，因此，租赁融资，就是一个很好的选择。

其四，租赁融资有避税的作用。根据我国财务制度规定，租金作为费用在交所得税之前可以扣除，从而能享受税收上的优惠。

正因为如此，租赁融资在企业中十分受欢迎，被誉为“一举多得”的融资方式。

（2）租赁融资的种类

租赁融资概括来讲可以分为营业租赁、财务租赁和企业性租赁三大类。

①营业租赁。营业租赁又称服务性租赁，它是出租人提供专门的设备及相应的服务，如设备的保修、维修、保险等，给承租人的一种租赁形式。

②财务租赁。财务租赁通常是一种长期租赁融资，它可解决企业对长期资金的需要，因此，有时也叫做资本租赁。财务租赁是现代租赁的主要形式，有以下 5 种租赁方式。

a. 直接租赁。直接租赁是筹资租赁的主要形式。它是指国内租赁公司通过贷款或合股等方式，在国际或国内金融市场上筹集资金，向国内外厂家购进用户所需的设备，再租给国内的承租公司使用。

b. 转租赁。转租赁是指国内租赁公司先作为承租人从国外或国内其他租赁公司租进用户所需要的设备，再转租给公司使用。这种租赁方式至少涉及原出租方和新承租方。

c. 卖而后租。卖而后租又称回租，这是企业在一方面需要继续使用自己原有的设备或厂房，一方面又急需资金周转的情况下采用的一种租赁方式。它是指企业先将自己的厂房、设备的所有权出售给租赁公司，再作为承租人将这些设备租回来使用，并按期向租赁公司支付租金。

d. 杠杆租赁。杠杆租赁又称借款租赁，是出租人对于一些较大的项目，只付出设备投资的一部分，其余部分采用对外举债的办法，由银行、保险公司或证券公司等金融机构提供不可追索的入股贷款，并以设备为贷款抵押，将设备出租给承租人的一种租赁方式。这种方式现在是国际租赁

的一种较流行的形式。

e. 百分比式租赁。百分比租赁是指承租人必须向出租人按规定交纳一定的基本租金，除基本租金外，其余租金按承租人生产收益的一定百分比来支付。

③企业性租赁。企业性租赁，是指在不改变所有制的条件下，实现企业的所有权与经营权的分离；是出租方把企业整体有限期地交给承租方自主经营，而承租方按照合同规定，向出租方支付租金并兑现合同的有关条款的一种租赁方式。**这一种租赁方式，也是我国企业经营机制改革的一种重要形式。**

二、以特别的方法筹措资金

1. 利用留存收益进行融资

留存收益是企业在生产经营活动中纯利润的积累，是企业内部融资的一个最主要的形式。

(1) 留存收益的构成

企业的留存收益由盈余公积金和公益金以及未分配利润三大部分构成。

①企业盈余公积金。企业按照规定从税后利润中提取的积累资金叫做盈余公积金。企业可以按有关规定最少提取 10% 的盈余公积金，法定盈余公积金如果达到企业注册资本的 50%，可不再提取。**股份公司在向投资者分配利润前根据公司的章程或者股东会议的决议提取盈余公积金。**

企业可以利用盈余公积金补充经济亏损，也可以依法转增资本金，当做企业后备基金和生产发展基金。股份有限公司经过股东大会批准，可以利用盈余公积金补充亏损后，按股票面值的 6% 分配股利，但在分配股利以后，企业的法定盈余公积金不能低于注册资本的 25%。

②企业公益金。企业的公益金是专用于职工集体福利设施的。公益金

可以用于集体设施建设，如职工宿舍、托儿所、浴池、理发室的兴建。

③企业未分配利润。企业的未分配利润，指的是企业已实现利润和已分配利润的差额。未分配利润中，有的属于少计或未计的应交所得税款，有些属于企业自身积累，但无论如何，都构成了企业内部的资金来源。

（2）利用留存收益进行内部筹资的方法

企业利用留有收益进行内部筹资的办法有两个。

①提高资金利润率。资金利润率指的是企业利润与投资的比例。资金利润率高，企业的经济效益就好，企业就能够把更多的资金转为自有积累，增加企业留存收益。

②利用法律回避不合理税收。税收量大小直接决定着企业留存收益的多少。**税收量多，企业税后利润就下降，盈余留存也随之减少**。企业应该利用法律手段，回避不合理的税收，增加税后利润，扩充盈余留存额。

（3）控制股利分配

股利包括股息和红利。如股利分配多，企业留存收益额便会减低，股利分配少，又容易引起股东不满。这就需要企业正确处理股利与留存收益间的比例关系，确定合理的股利分配指标，既取得股东理解，又增加企业留存额。

2. 同舟共济，向员工集资

企业集资的对象一般是企业员工。有些企业是比较喜欢集资的，这是因为企业想从民间大量借贷资金比较困难，一是利率比较高，二是民间借贷资金较分散，想在短时间内取得大量资金，是有一定困难的。相反，企业从内部员工身上看到了可挖掘的潜力。

企业与所聘用的员工的关系，好比拴在一根绳上的蚂蚱，同生共死，一荣俱荣，一损俱损。因此，企业的老板为扩大企业规模或在资金周转一时不便时，向内部员工集资，一般都会得到响应。因为他们对企业的经营状况十分清楚，知道企业的发展潜力。企业发展了，对他们自己也是有利的；而企业一旦因资金周转不过来关门了之，则员工也会因此而失去他们赖以生存的工作。当然，向员工集资，可以承诺回报给他们以较高的利息，这实际上相当于分给集资员工的红利。**在这种情况下，员工把钱投入本企业所取得的投资收益比银行存款利息高得多，也会很愿意集资。**

企业向员工集资，有一些好处。一是不用受银行借款所附条件的限制，运用资金比较自由。二是员工把钱借给自己的企业后，他们之间的关系就更加亲近了，员工也会更加效忠企业。

赵菊花是椒江区第一家农民饭店——联谊饭店的经理。该饭店是在联谊村挨家挨户集资170万元钱创办的。赵菊花接手饭店后，打破“铁饭碗”，建立完整的责任制，把职工的固定工资改为半浮动形式，按工种，按楼面，按厅，按定床位率，按职责、收入、费用等计算工资，确定超收奖、节约奖、卫生奖等，以此为杠杆，调动职工的积极性。几年下来，饭店赚了钱，积累了一笔可观的利润。但此时，联谊饭店正面临周围数家大饭店的激烈竞争。因此，赵菊花对职工说：“我们店只有走改造之路，才能在竞争中不被淘汰。改造设备，需要资金。我们是农民饭店，不像那些国有大饭店，有国家撑腰。为了我们的饭店和大伙的前途，我建议，这笔奖金不分了，用作改造设备的资金。”按承包合同，分得最多的是经理本人，经理自己提出不拿奖金，大家也都不好意思分奖金了。赵菊花用这高明的一招，把分给职工的奖金全变成了集资款，迅速实现了改造原有设备的计划，使饭店的规格和形象都提高了一个档次。后来，当联谊饭店借款盖成几层楼的饭店运营时，由于没有空调，利润平平。这时，她咬咬牙，又一次果断地从职工中集资100多万元，为饭店安装最先进的中央空调。由此，联谊饭店终于摆脱了困境，第二年赢利达81万元。

3. 利用良好的商业信用筹集资金

商业信用是伴随商品生产和商品交换产生的，利用商业信用筹资是企业的一种重要筹资方式。一方面该方式缓解企业短期资金周转困难，另一方面它又能加速商品交易的流通，一举两得。

（1）商业信用筹资的形式

利用商业信用筹资，主要有以下几种形式。

①应付账款。应付账款是卖方通过赊销而提供给买方的信用，它是买

方的一种短期资金来源。销货企业在将商品转移给购货方时，并不需要买方立即支付现款，而是卖方按照某特殊交易条件或货物条件向卖方开出发票或账单，待一个时期后再由买方付清货款。因此，买方以应付账款的形式获得了这种卖方提供的信贷。**这是一种双向获益的行为，买方获得了短期资金来源，卖方增加了自己的商品销售。**

②商业票据。商业票据就是指买卖双方进行赊购赊销时开具的反映债权债务关系并凭以办理清偿的票据。

就其具体使用方式来看，商业票据通常有商业本票和商业汇票两种。其中，商业本票是由债务人向债权人开具的保证在一定时日无条件付款的书面承诺；商业汇票是由债权人向债务人签发的，要求债务人在一定时日无条件付款的书面命令。

③预收货款。预收货款就是指购货企业在收到商品之前预先支付给销货企业的所有或部分货款。这是买方向卖方提供的商业信用，是卖方的一种短期资金来源。通常，预收货款这种商业信用形式的应用是很有限的。

（2）商业信用筹资的条件

①货到付款与先付款后交货。在货到付款情况下，卖方所承担的风险是买方可能拒绝接受该批货物，运输成本一般由卖方负担。在先付款后交货情况下，卖方可避免一切风险，无论是货到付款，还是付款后交货，卖方都不允许买方赊账。

②付清期间——无现金折扣。现金折扣是企业规定的信用条件的主要内容（除现金折扣外还有赊账期限即付清期间等），是刺激买方提前偿还欠款的一种重要手段。比如，所谓“2/10，n/30”是指应收账款最迟必须在30天内付清，就是付清期间为30天；若10天内付清货款，买方可按发票金额享受2%的折扣，即现金折扣为2%。

在付清期间——无现金折扣情况下，卖方给买方提供信用时，会指出允许买方赊账的期间。比如“net30”或“n/30”条款代表发票或账单上注明金额必须在30天付清。**在我国企业所采用的销货条件中，付清期间——无现金折扣是最普遍的。**

③付清期间——有现金折扣。这种销货条件，除了允许赊账之外，若账单较指定付清日提前支付，则卖方会给予现金折扣。多数情况下，卖方

给予现金折扣的目的，就是鼓励买方早日付款。在西方工业发达国家，现金折扣通常在2%～3%左右，折扣期一般较短，多数在10天或20天。

4. 利用应收账款筹资

企业财务管理在企业经营中举足轻重。其中一项重要的工作，是通过应收账款的催收，可弥补资金的临时性短缺，迅速地筹措到短期资金。

应收账款是企业的债权，是企业内部资金，是应收回但尚未收回的资金，因此，在资金周转困难时，企业管理者自然会考虑提前回收应收账款或利用应收账款融资的可能性。

（1）应收账款筹资的利弊

同其他的筹资方式相比，利用企业应收账款筹借资金主要有如下一些利弊。

①企业可以迅速地筹措到短期资金，以弥补资金的临时性短缺，如需要临时购入存货。

②利用应收账款筹措资金的费用常常能够通过加速资金周转带来的收益而得到补偿，所以这种筹资方式的费用很低甚至不需付出任何费用。

③利用应收账款筹措资金一般无须企业负债，因此可以提高企业的债务资产净值比率，而且不会给企业的财务状况带来不良影响。

④利用企业应收账款筹资一般没有最低资金额的要求，而且方便、迅速。

⑤利用应收账款筹资往往会减少企业的应得收入。而且如果企业的信贷信誉很低，银行或有关金融机构可能索取较高的利率。

⑥有关金融机构通常都要对企业提出一些额外的要求，如企业应对顾客拖欠应收账款负责，当应收款无法收回时企业应承担相应的损失等。

具体说来，利用应收账款融资主要有两种方式：一种是以应收账款为抵押借款；另一种是将应收账款出售。

（2）应收账款筹资的方式

①以应收账款为抵押借款筹资。以应收账款作抵押借款筹资是借款企业（即有应收账款的企业）与经办这项业务的银行或公司订立合同，以应

收账款作为担保品，在规定期限内（通常为1年）企业有权以一定额度为限借用资金的一种筹资方式。合同明确规定银行或公司借给企业的资金占应收账款的比例。这项比率一般为75%～95%，通常是80%。订约的任何一方通常可在规定期限到期前6个月以书面通知对方解除合同。

在规定的信贷限额内，借款企业可随时向信贷公司借用款项。借款企业在借款时，除以应收账款为担保品外，还需按实际借款数据出具票据。**如果作为担保品的应收账款中某一账款到期收不回来，信贷公司有权向借款企业追索。**

这种筹资方式，通常都不通知向借款企业赊购的客户，账款仍由借款企业收取。收回的账款须如数转交给信贷公司。由于借款企业借到的款项少于应收款的数额，借款企业对应收账款自然就保留了剩余的相应权益。凡是销货退回、销货折让及折扣，都会减少此项权益。如果减少到信贷公司认为已不足以保障其贷款安全时，借款企业便须开一支票，交给银行或金融机构以弥补不足之数。在账款安全收回后，有关的权益仍归借款企业，由银行或金融机构收取贷款利息。利息通常按日息计算，主要有两种方法：第一，按每天应收账款未收余额计算；第二，按每天应收账款未收余额中的已借款额计算。

②将应收账款出售筹资。这是指企业将应收账款出让给专门购买应收款的金融机构，以筹集所需资金的一种方式。利用这种方式，企业可于商品发运出去之前向金融机构申请贷款，经同意后可在商品运出之后将应收账款让售给金融机构。金融机构根据发票金额，减去容许购买客户扣取的现金折扣、金融机构的佣金以及主要用以冲抵销货退回和销货折让的扣款后，将余额付给筹资企业。

扣款占应收账款的比例，由双方协商确定，一般为10%左右。待预计不会再发生销货退回、销货折让或其他足以减少应收账款数额的情况后，扣款的余额即由金融机构退还给筹资企业。让售账款后，要通知购货客户，将账款直接付给应收账款金融机构；若有拖欠，亦由金融机构催收。如果客户无力清偿，让售企业也不承担损失的责任，责任由金融机构承担。

金融机构从事代理业务，主要收取两种报酬。一是佣金。一般按应收账款的净额，即发票上开列的总额减去由客户扣取的现金折扣后的一定百分比计算，其值一般为1%～2%。佣金实际上是金融机构执行信贷业务、承担风险和收取账款的所得。二是利息。利息通常根据到期日前筹资企业筹借的数额，按一定的年利率或日利率计算。筹资企业在到期日当天筹借的数额可以不计利息。从到期日起，任何尚未筹措数额的应计利息归筹资企业所有。其中“到期日”指一笔账款的现金折扣期满日之后的第10天。**如果筹资企业同时将几笔账款让售给应收账款拖收信贷公司，还需计算平均到期日。**

利用应收款筹资是商品经济条件下企业间信用发展的必然结果。目前我国各企业之间相互拖欠情况严重，国家花了很大力量来处理“三角债”问题，投入了大量的“启动”资金，取得一定的成效。因此研究利用应收账款筹资的方式是很有现实意义的。

5. 隐性融资：节约经费，减少内部资金

(1) 企业经费的节约

扩充资金不外开源节流。节约经费开支就是节流。企业节支途径有下列几种。

①精减人员。此法是企业节支的基本办法。**兵在精，不在广。兵精工薪支出少，各负其责不依赖。**

②精减会议、精减文书。不需要开的会坚决不开，可开可不开的会一律不开，无重大原则问题，不必选书印文。一是会议，二是文件，两项紧缩，既提高了工作效率，又节省了经费开支，何乐而不为？

③简化接待。吃饭、住宿、游乐开支惊人，好端端的一个企业，也可能被吃完、玩毁。应免去烦琐的礼仪，杜绝游山玩水，严格控制接待规格，降低招待档次，把钱用在刀刃上。

④取消繁多品目。企业产品在精不在多。每个企业应突出自己的名牌产品，万不可这也制，那也上，产品名目众多，但无一优质名牌，这是“眉毛胡子一把抓”的多中心实践，劳而无功，经济不会回升，百事无成！

(2) 内部资金的挖潜

企业内部融资中一个重要的问题是用什么方法才能挖出内部资金？这

是研究企业内部采金术的一个技巧性的课题。下面介绍几种企业内部采金技巧供参考。

①减少存货投资。首先，企业应在确保生产持续进行的前提下，减少存货量，增加订货次数，这是减少存货投资的直截了当的做法；其次，要求供应商分批供货，分批支付货款，这样能延长企业付款期，可挤出部分资金以应急需。

②授予客户信用额度。在充分调查对方信用状况、财务情况的前提下，给予对方信用额度，准许对方先取货后付款、允许对方缓期付款等，以此，缓解对方资金压力，吸引客户购货。

③鼓励客户付款。对于提前付款或按约付款的客户，从货款中给予折扣优惠；对过期付款加收利息，尤其在银行利率变动时，应特别注意调整逾期付款的加息；对现金即付客户予以优惠，鼓励现购行为；对付款迅速守信客户提供额外服务，如减轻仓储运费等；对付款迟缓失信客户，压缩信用度，不予送货；货物一经发运，立即发出账单，催收货款。

④及时存款生息。企业现金现收现存，不可闲置。在有条件地区设立“自动拨款账户”，使银行自动转拨资金付款、存款。**有效地保证过剩资金存行生息**。

此外，尚有节省包装材料、减少仓储费用、与银行保持良好关系等方法。

6. 努力接住天上掉下的“馅饼”

据统计调查，有三分之二的企业在经营过程中遇到的最大问题，就是资金不足。资金像瓶颈一样，紧紧地制约着企业的生存和发展。但是，天上也真有掉“馅饼”下来的时候，虽然掉下来的条件比较特殊，时机也很偶然，但有时企业的老板的确有“踏破铁鞋无觅处，得来全不费工夫”的机遇。比如优惠贷款、继承遗产、接受捐赠等，这些都是天上掉下来的金元宝，是可遇而不可求的。

（1）白借的钱：优惠贷款

我国银行体制，现在分为商业性银行和政策性银行两大块。政策性银行有相当大的一部分，是以低息和无息的方式，提供贷款给有关的地区和企业，以支持其发展。

所以，只要有可能，企业都要想尽办法争取得到它。

当然，这种贷款是很特殊的，其主要特点如下。

①限制条件比较严格，能得到这种贷款的对象，主要是：

- 特定的地区，如“老少边穷”地区。
- 特定的人员，如残疾人，及由他们开办的企业。
- 对国家有战略意义或符合国家政策倾斜的产业和企业及产品的生产，如开采贵金属的企业、生产计划生育用品的企业。

②贷款利率很低，甚至为零，就是为了扶持这些地区及企业的发展。

③贷款数额不会太大。因为这些贷款主要是为了解决这些“老少边穷”发展中出现的主要问题，所以不可能有很大的数额，并且往往是一次性的。

④这种贷款是按行政方式定额分配的，因而，受人为因素影响很大。所以，能否争取到一笔优惠贷款，在很大程度上要靠自己努力，打通各种关系。

例 四川的一个农民老板张某，他开办的一家私营企业是生产农具、农用水泵等农业生产资料的。为解决企业资金困难，他向当地银行申请优惠贷款，筹集20万元资金。银行在进行了充分调查后，认为他的企业与国家鼓励发展农业政策相符合，而且所在的地区是大巴山革命老区。经过银行领导研究，决定给张某无息贷款。张老板不仅解决了企业所需资金，而且无付息的压力。

(2) 爱心的寄托：接受捐赠

接受捐赠，也是企业接受“天上掉下来”的资金的一个来源。捐赠主要有两类。

一类是有特定目的的捐赠，即捐赠款要指明其特定的用处。比如，生产药品的企业接到捐赠，通常是由于某慈善机构或某富人，为献爱心而向企业捐赠资金，用于生产某种药品，帮助特定的患者。

第二类是没有特定目的的捐赠。**这类捐赠款项，往往是社会热心残疾人事业的人向残疾人企业捐赠的。**

高效投资，生财之道

企业投资分两种类型：一是对内投资，如机器设备、更新项目、扩大规模所需的成本等；二是对外投资，即作为投资者购买其他公司的股票或证券等，以获得股利和利息收入。

然而，投资具有一定的风险性，投资项目的不确定性使得投资收益很难预测。因此，在投资的同时，更要防范投资所带来的风险。

一、善于投资，让资金增值

在企业的收益中，营业收入是有形的，是以货币衡量的，是一个相对固定的数额，而投资是将营业收入所获得的利润（资金）进行再流通的，使之一变二，二变四，获得超常规的收益。换句话说，就是将企业的死钱变成活钱，以钱生钱，从而满足企业超常规发展的需要。现代企业已不同于传统的企业，依靠单一的扩大规模取胜，而是充分运用资本运营的理论，利用有限的资金，以谋略和眼光制胜，这一点在西方的大企业中尤为常见。

1. 让资金流动，开辟生财之道

有的企业，初创业比较顺利地赚到一笔钱，就想打退堂鼓，一味地等靠稳妥生意，避免竞争带来的风险，而不愿将已赢得的利润返回投资，更不想将其投资到带有很大风险性同时又是高收益的行业中。从而把本来可以活起来的资金封死了，不能发挥更大的作用。

其实，经营者最初不管赚到多少钱，都应该明白俗话中所讲的“家有资财万贯，不如经商开店”“死水怕用勺子舀”这个道理。生活中人们都有这样的感觉：钱再多也不够花。因为“坐吃”必然带来“山空”。试想，一个雪球，放在雪地上不动，只能是越来越小；相反，如果把它滚起来，就会越来越大。**钱财亦是如此，只有流通起来才能赚取更多的利润，正所谓“钱财滚进门”**。

一位成功的企业家曾对资金做过生动的比喻：“资金于企业如同血液与人体，血液循环欠佳导致人体肌肤失调，资金运用不灵造成企业经营不善。如何保持充分的资金并灵活运用，是经营者不能不注意的事。”如果一个公司老板手中有一定数额的资金，但他从思想上已不愿意把钱用来再赚钱，不愿意把钱用来周转，那么对于他未来的事业来说，就像是人体有了充分的血液，但心脏已坏死，不再能够促进血液循环一样，他的事业也会因静止不动而死亡。

马克思谈到资本的时候曾说过这么一句话：“它是一种运动，是一个经过各个不同阶段的循环过程，这个过程本身又包含循环过程的三种不同形式。因此，它只能理解为运动，而不能理解为静止物。”在现代商场上，持在经营者手中的钱，虽与资本在本质上有区别，但就运动性而言，却是一致的。经营者只有把手中的钱再合理地运用到经营过程中，才能取得更高的效益，才能比其他手段赚到更多的钱。

资金只有在不断反复运动中才能发挥其增值的作用。经营者把钱拿到手中，或死存起来，或纳入流通领域，情况大不相同。经营者完全可以把钱用以办工厂、开商店、买债券、买股票等投资之中，把“死钱”变成“活钱”，让它在流通中增利。其实，学过一点资本论的人都知道，流通增利的奥妙在于钱财能够创造剩余价值。一个简单的道理，用货币去购买商品，然后再把商品销售出去，这时所得到的货币已经含有了剩余价值，也就是说，原来的货币已经增值了。假若经营者能够出色地管理着自己的工厂，办好自己的公司，看准炒股的时机，让它健康地运作，时间越长久，钱财的“雪球”便越来越大，经营者手中的钱财也会变做一棵摇钱树。

也许有许多经营者会反对上述的阐述，也许有许多经营者还是认为储蓄能够使自己的钱财四平八稳地增值。储蓄不是不好，但世上有哪个百万富翁是靠储蓄起家的？经营者在创造财富的过程中，储蓄也扮演了重要角色，并不是经营者储蓄的钱重要，而是那份决心、自制最重要。经营者千万不要指望你的储蓄会使你致富。即使地下市场的高利息也不富。一块钱在一年内赚不到15%，便是错误的投资。根据现实生活中以往记录显示，将钱存入银行，最多可以获取6%的利率，甚至更少。不说别的，以6%的利率，等上12年后才能使一元钱变成两元钱；更需要清楚认识的是，只要10年时间，通货膨胀就可以使你的购买力降低一半。有些经营者在投资中最容易犯的错误，是分不清稳定性与安全性的区分。稳定性是在未来一定的年限中，投资报酬率保持一定的数字；而安全性，则是通过保持稳定的投资，显得相对安全。就像每年很稳定获得6%的报酬率，在同时，通货膨胀也很稳定地降低了人们的购买力，稳定但不安全。

人的生命在于运动，资金的生命也在于运动。作为金钱可以是静止的，而资金必须是运动的，这是市场经济的一般规律。资金在市场经济的舞台上害怕孤独，不堪寂寞，需要明快的节奏和丰富多彩的生活。**把赚到的钱存在手中，把它静置起来，绝不是经营者参与市场竞争的上策。**

2. 企业投资的基本程序

企业投资战略对于企业的长远发展有至关重要的作用，为了确保投资战略的科学性，制定投资战略要有程序性规定。

(1) 投资环境分析

对投资战略内外环境进行分析，力求知己知彼、知内知外，以此为基础寻找适合本企业投资的战略。**分析要能发现投资机会，揭示投资风险。**对企业外部，主要应分析政治政策因素、社会文化因素、科学技术因素、经济因素等；在企业内部，主要分析企业发展方向和目标、现行规模及扩张潜力、生产技术特点、人员素质状况、企业经营管理能力、经济效益等因素。通过综合分析，明确与投资战略选择有密切关系的决定性因素，这些决定性的因素主要是：市场投资机会及风险；企业现有优势与劣势；企业发展潜力。

(2) 拟定企业长远投资战略

在投资战略环境分析的基础上，拟定企业长远投资战略目标，并据此制定各种可行的投资战略方案。投资方案应包括投资方向、产业、产品及业务的发展方向、利润、销售额、开发能力增长、企业改进项目、组织协调与发展等内容。长远投资战略应满足以下要求：①立足企业全局，着眼未来长远发展；②切实可行又不乏创新；③既有先进性又具有调整弹性；④具有协调性和独立性。

(3) 可行性论证

组织各方面的方案及决策相关人员，对备选各方案进行论证，就备选方案可行程度、风险水平、收益状况等因素进行优劣比较，以确定最优方案。

(4) 最终确定投资战略

在对各方案进行可行性论证后，决策者确定最佳方案为最终投资战略。

对于处在孕育期、经济实力较弱的企业，受规模及内部经营管理体制不完善的限制，企业对外筹资能力较低。因而，这类企业的最优选择是通过内部积累来实现企业扩张，战略选择上是内涵发展型投资战略。这种战略选择也有以下三个侧重点。

①侧重资源开发的战略，包括原材料、主要配件和能源供应等。另外，对于人力资源和社会关系资源也加以关注。

②侧重技术开发的战略，主要针对产品技术含量较高的企业而言，这类企业的发展是依靠不断改进、提高企业生产技术水平来实现的。

③侧重销售开发的战略，通过有效的市场开发战略来扩大企业产品的市场占有率，为企业扩大生产、增强实力打下基础。在买方市场情况下，搞好销售开发对于处于孕育期的企业尤为重要。

3. 科学地择定投资项目的规模

投资规模是指通过投资所形成的项目生产经营规模。企业在确定投资项目的规模时，需要考虑到多方面的因素。投资项目的规模合理与否，取决于是否遵循了客观规律的要求。科学地择定投资项目的规模，应当重点把握下面几条原则。

(1) 与市场供求状况相适应

生产经营规模反映了企业可以提供的市场供给能力。这种供给能否充分实现，首先要看市场对其供给的需求状况。如果市场上对企业投资项目所形成的产品需求量较大，则项目的规模便可以安排得大一些。**相反，则项目的规模就不能太大，甚至项目本身就没有投资建设的必要。**

一般来说，市场对某种产品的需求总是由若干个企业分别满足的。企业在确定投资项目的规模时，不仅要考虑对项目产品的总需求量，还须同时考虑该种产品在市场上的总体供给情况，考虑在竞争的状况下自身能够占有多大的市场份额，以及竞争对手的强弱，等等。尤其需要重视的是，无论是研究市场需求，还是市场供给，都必须从动态的角度进行分析。这是因为，通过投资形成某种生产能力即特定的市场供给能力是需要时间

的，而且其形成后还将在相当长一个时期内发挥作用。这就涉及对市场供求长期趋势的预测。

(2) 符合规模经济的要求

规模经济是一个与生产规模既有区别又有着密切联系的概念。它指由企业生产规模的差异而体现出的经济效益差异。作为一种理论，它研究的是什么样的生产经营规模能够取得最佳经济效益。由于企业的投资活动必然会使其原有的生产规模发生变化，而规模与效益存在着密切的相关性。规模选择不当，就可能无法实现投资效益要求，甚至可能导致负效益。所以，在投资项目规模决策过程中，应当充分考虑规模经济理论的要求。

不同生产内容的企业，其规模经济水平是不同的。一般说来，像钢铁、煤炭、石油、汽车、化工之类的重型企业，其单个企业必须具备较大的规模才有可能获得理想的经济效益；而轻工业虽然大多数都需要达到相当规模，但这种要求并不十分突出。少数行业，特别是那些以手工劳动为主，消费对象较小或很不稳定的行业，其单个企业就不要求，甚至不允许搞太大的规模。总之，对于投资项目的规模大小应作具体分析。

(3) 与筹资能力相适应

项目规模越大，对企业筹资能力的要求也越高。或者说，如果企业的筹资能力较强，则投资项目的规模就有条件安排大一些；反之，则应安排小一些。

一个企业的筹资能力强弱，主要决定于以下因素。

①企业的经济效益高低。企业筹措资金时，最有把握的渠道是动员自有资金，而自有资金的多少，又取决于其生产经营效益的高低。经济效益高，企业在上缴国家税金、支付股东红利后则可以获得较多的留利，从而能更多地进行内部融资，掌握融资过程的主动权；反之，经济效益不佳，企业盈利及留利水平甚低乃至亏损，筹资就只能主要或完全依赖外部渠道，自然就较为被动。

②资金市场的发达程度。多数情况下，企业投资需要依赖外部渠道筹资，而外部筹资一般需要通过资金市场进行，因此，有无完备的资金市场，便成为决定企业外部筹资能力的重要因素之一。

③企业的资信。这是指企业的资力与信用，也是决定企业外部筹资能力强弱的一个重要因素。企业的资力主要通过企业的经济技术实力、管理水平等体现出来。企业的信用则体现为企业的各种经济行为尤其是信用行为所达到的社会信誉水平。**一般而言，企业资信较佳，其外部筹资能力就较强，反之则较弱。**

④国家货币政策的宽松程度。货币政策是国家对总体经济运行过程进行宏观调控的基本手段之一。一般来说，当经济增长速度过快，投资规模过大，以致出现或面临通货膨胀时，国家将采取紧缩的货币政策，以提高信贷利率，控制信贷投放，提高存款准备金率；而当经济处于不景气状态，投资需求不高，国家将采取扩张的货币政策，以扩大信贷投放规模，降低信贷利率，降低存款准备金率，进行公开市场买入操作刺激需求。在前一种情况下，企业的筹资能力无疑将被削弱；而在后一种情况下，企业的筹资能力可能增强。

（4）与生产要素的持续供给条件相适应

项目建成投产后，要充分发挥其生产能力，就需要在其寿命期内有稳定而充足的原材料、燃料、动力等生产要素的供给，否则，未来的生产过程将时断时续，经常出现生产能力闲置现象，企业的经济效益便会受到损害。一定的投资项目规模即某种未来的生产能力，只有在能够为市场充分吸纳的情况下才可能是合理的。市场预测在确定企业投资项目规模中具有关键的意义。一般来说，企业在为选择投资项目规模或为选择投资方向进行市场预测分析时，应着重考虑以下因素。

①项目产品的消费对象。除某些生活必需品外，大部分产品都有其特定的消费对象。例如，化妆品的消费对象主要是女性。进行市场预测，首先就必须搞清产品有消费对象，以及在什么样的范围内有消费对象，以谁为主要消费对象等问题。这是市场预测的基本点。

②项目的产品的价格水平与消费者的收入水平。市场需求总是与商品价格和消费者收入水平直接相关的。经济学理论认为，需求存在这样一条规律，即当某种商品价格下降时，消费者对这种商品有消费意愿并有能力购买的数量通常会增加；相反，当某种商品的价格上涨时，消费者对它的购买欲望与购买能力一般会下降。**也就是说商品价格水平的高低与消费者**

对它的需求量呈反向变动关系。

需求还取决于消费者收入水平的高低。在价格水平不变的情况下，消费者收入水平提高，其对商品的需求自然也会增加。不仅如此，消费者还会因收入增加而进一步扩大对商品的选择范围，并使不同商品的需求价格弹性发生某种程序的变化。

总之，必须把产品价格水平与消费者收入水平结合起来考虑。

③项目产品在其经济寿命周期中所处的具体阶段。每一种产品都有自身的经济寿命周期。一般来说，一种产品的经济寿命周期包括四个阶段，即投入（导入）期、成长期、成熟期、衰退期。在投资项目建设期间，特别是在项目投产后发挥作用的期间，主要产品究竟处于其经济寿命周期的哪一个阶段上，对项目投资规模（包括投资方向）的确定具有重要指导意义。

④项目产品的社会拥有量及产品的耐用程度。项目产品已经达到的社会拥有量，是预测产品何时达到消费饱和程度所必须掌握的基本数据。尤其是高档耐用消费品，更新替换的周期较长，一旦达到基本饱和，市场需要通常就不再上升，而会趋于下降。

⑤人口的数量、结构变动趋势。在对项目产品进行市场项目预测时，必须充分考虑到人口的变动趋势。首先要考虑人口数量变动趋势。人口数量增加就意味着产品的市场需求增加。其次，对于企业来说，更应重点分析人口结构的变化趋势。包括年龄、性别、文化、民族、分布等各种意义上的人口结构动态，由此导出需求结论。确定项目规模时，企业就应考虑项目产品是否与这种人口变化趋势相适应，如果是这样，则项目规模自然可以搞大一些，反之，则应搞小一些。

⑥替代产品的发展趋势。有许多产品，在其使用功能上是可以相互替代的。例如，木制家具与钢制家具、煤气灶具与电器灶具等，其功用均可互相替代，尤其是在收入、价格、消费心理发生较大变化的情况下，这种消费替代现象就更为常见。**而替代产品的出现和热销，必然在一定程度上使拟建项目产品的需求受到抑制。**

⑦企业在竞争中可能占到的市场份额。一定产品的总需求量，一般都会有多个供给者。所以，企业在进行投资方向和投资规模决策时，必须研

究市场竞争的状况和趋势。首先，要搞清已经有和将要有哪些竞争对手，并研究竞争对手的情况；其次，要分析自身在这一动态竞争环境中所处的地位，比较自身与竞争对手的条件，如生产成本的高低，资源取得的保证性，价格水平，质量与信誉的高低，以及销售力量与渠道等。弄清自己在市场上究竟可能占到多大的供给份额，并以其作为确定项目规模的基本依据之一。

（5）企业投资项目规模的确定过程

企业投资项目规模的确定过程，就是根据项目规模选择的各项决定性、限制性因素，确定项目最佳经济规模的过程。理想的项目规模，应该是投入最少、产出最多、盈利最大、建设与生产经营条件均有充分保证。它的确定，一般可按如下步骤进行。

①测定项目可能达到的最大生产规模。这一工作的目的，就是要找到投资项目的规模上限。企业要综合项目产品的市场需求情况、竞争能力、筹建能力以及原材料、能源、通信运输和其他协作配套条件，来确定项目的最大规模。一般来说，项目的最大规模是在市场需求预测基础上，做了若干必要扣除后所得的一种可行的生产规模。

②测定项目必须达到的起始规模。即拟建项目在正常的生产技术条件下，采用选定的产品生产工艺流程而不至发生亏损，能使设备负荷充分化的最小的合理生产规模。确定项目的起始规模，也就是确定项目规模的下限。该规模起码应满足两个要求：一是必须保证不发生亏损。**起始规模作为一种可考虑的最小规模，应该大于或等于盈亏平衡点的规模。**二是必须使按照产品正常生产需要所选定的工艺设备能够充分负荷。只有这样，形成的生产能力才不致发生严重闲置，必要的经济效益水平才有保障。

③确定项目的经济规模。最大化生产规模的测定给出了项目规模的下限，由此，便给项目界定了一个可行规模的选择区间。**最后一项工作便是确定项目的经济规模，即最理想的规模了。**一般情况下，起始规模不会是项目的经济规模，而最大化生产规模有可能同时是经济规模，但也不完全尽然。不过，有一点可以明确，项目的经济规模必定在其可行规模区间的某一点或某一段上。

4. 投资决策的静态分析法

选择客观、恰当的方法是正确进行投资决策的前提。我们所提到的投资决策方法是指评价和分析投资方案的经济效益，并依据经济效益的大小选择投资方案。投资决策的方法多种多样，它们评价和分析投资方案的角度和标准各不相同，得出的结果也往往相异。因此，投资决策的正确与否在一定程度上取决于方法是否客观和恰当。静态分析法是投资决策的常用方法之一。

投资决策的静态分析法是按照支出、收入、利润和资金占用、周转等方面的传统会计观念，以公司投资的经济效益进行评价和分析的方法，所以又称为投资决策的会计方法。

按照传统的会计观念，以货币为统一尺度计量的金额收入或支出，不论发生在何时，其经济价值是相同的。也就是说，现在发生的资金支出和垫付资金，可以用若干年后取得的收入来直接予以补偿。如果两者的数额相等，就认为并无任何损益；若取得的收入大于过去的支出，其超出部分就被认为是利润；反之，则认为是发生了亏损。因此，按传统观念来评价和分析投资的经济效益，不需要考虑现金收入和现金流出的时间性，因为任何时期的现金流入或流出都可以相加或相减。由此可见，投资决策的静态分析方法实际上是将财务会计中关于损益计算的原理和方法，应用于投资决策分析中，主要有回收期法、平均报酬率法等。

（1）投资回收期法

投资回收期是指回收某项投资所需的时间（通常为年数）。这是一种根据重新收回某项投资金额所需的时间来判断该项投资方案是否可行的方法。一般而言，投资者总是希望尽快收回投资，投资回收期越短越好。回收期越短，该项投资的风险程度就越小。

运用投资回收期法进行决策时，首先，应当将投资回收期同决策者主观上的期望投资回收期相比较。如果方案的投资回收期小于期望回收期，可接受该投资方案；如果方案的投资回收期大于期望回收期，则拒绝该投资方案。其次，如果同时存在数个可接受的投资方案，则应比较各个方案的投资回收期，选择回收期最短的方案。

由于方案每年的现金流量可能相等，也可能不等，投资回收期的计算方法有以下两种。

①每年的现金流量相等。其计算公式为：

投资回收期＝原投资金额÷平均每年的现金净流量

②每年的现金流量不相等。如果每年的现金流量不相等，就需要运用各年年末累计现金净流量的方法计算投资回收期，直到累计现金净流量达到投资额的那一年为止。

（2）平均报酬率法

平均报酬率是指一个投资方案平均每年的现金流入或净利润与原始评价方案优劣的一种方法，平均报酬率越高，获利能力越强。平均报酬率的计算公式如下：

平均报酬率＝年均现金净流量÷原投资金额×100%

进行决策时，首先应将平均报酬率与决策人的期望平均报酬率相比较。如果平均报酬率大于期望平均报酬率，可接受该项投资方案；如果平均报酬率小于期望平均报酬率，则拒绝该方案。

若有数个可接受的投资方案供选择，则应选择平均报酬率最高的投资方案。

平均报酬率的优点是简明、易算、容易理解，克服了投资回收期法的第一个缺点，即考虑了整个方案在其寿命周期内的全部现金流量。但其缺点也是很明显的，和投资回收期法一样，没有考虑资金的时间价值。另外，它还失去了投资回收期法的一些优点，如不能说明各个投资方案的相对风险等。

5. 投资决策的动态分析法

公司投资决策的动态分析法是依据货币时间价值的原理和方法，将投资不同时期的现金流入和现金流出按某一可比基础换算成可以比的量，据以评价和分析投资效益的方法。

在动态分析法下，投资在不同时期的现金流量不能简单相加或相减，只能通过一定的方法将其换算为可比值。**换算的基础可以是现值也可以是最终值**。因为投资决策的动态分析方法考虑了货币时间价值这一重要因素，所以和静态分析法相比，它更客观、更精确。目前，公司投资决策常用的方法是动态分析方法。动态分析方法具体又分为现值法、等值法和终值法。现值法是公司投资决策常用的方法，它是按货币具有时间价值的观念，将一项投资引起的全部现金流入和现金流出，均按某一投资报酬率（或是投资的必要报酬率，或是投资的内涵报酬率）换算为相当于投资开始时的现值，然后在此基础上，分析和评价投资效益的方法。具体又分为净现值法、现值指数法、现值回收期法、内含报酬率等。

（1）*净现值法*

净现值是指一项投资的未来报酬总现值超过原投资额现值的金额。

以净现值法进行投资决策分析时，一般按以下步骤进行。

①预测投资方案的每年现金净流量。其计算公式是：

每年现金净流量＝每年现金流入量－每年现金流出量

②根据资金成本率或适当的报酬率将以上现金流量折算成现值。如果每年的现金流量相等，按年金复利折成现值；如果每年的现金净流量不等，则按普通复利分别折成现值并加以合计。

③将方案的投资额也折算成现值。如果是一次投入，则原始投资金额即为现值；如果是分次投入的，则应按年复利或普通复利折成现值。

④以第二项的计算结果减去第三项计算结果，即可得出投资方案的净现值。若净现值为正值，说明可接受此方案；若净现值为负值，则应拒绝此方案。

净现值法是建立在资金的时间价值基础上的一种方法，因此，必须把未来增加收益的总金额，按照资金成本率或适当的报酬率折算成现值，再与投资的现值进行比较。再者，企业投资的总价值是企业各个投资方案的个体价值之和，如果选择的投资方案的净现值是零或是负数，采用该方案后，企业的财富非但不会增加，还可能还会减少；反之，如果采用的是正净现值的方案，则会使企业的财产增加。

(2) 现值指数法

现值指数是指投资方案未来报酬的总现值与投资额现值的比率，它用来说明每元投资额未来可以获得的报酬的现值有多少。现值指数与净现值法的不同之处在于：现值指数不是简单地计算投资方案报酬的现值同原投资额之间的差额。现值指数法，是根据各个投资方案的现值指数的大小来判定方案是否可行的一种投资决策法，比起净现值法，它使不同方案具有共同的可比基础。

现值指数的计算公式为：

现值指数 = 未来报酬的总现值 ÷ 投资金额的现值

进行投资决策时，如果现值指数 >1，可考虑接受该方案；如果现值指数 =0 或 <1，则拒绝此方案；如果要从几个可接受的方案中择其一，应选择现值指数最大的方案。

(3) 内部报酬率法

内部报酬率法是指一项长期投资方案在其寿命周期内按现值计算的实际投资报酬率。这个内部报酬率是一个能使该投资方案的预期净现值等于零的折现率，即根据这一报酬率对投资方案的每年现金流量进行折现，此时：

投资成本的现值 = 投资收益的现值

内部报酬率法就是通过计算各投资方案的内部报酬率，看其是否高于企业的资金成本的一种方法。**若高于资金成本，就可接受该方案；否则，应该拒绝。**若同时有几个可接受的方案，以内部报酬率最高的为优。

确定投资方案内部报酬率的方法主要有验误法和图解法两种。由于图解法很少使用，所以这里只介绍验误法。

验误法的具体步骤如下：先估计一个折现率，再用此折现率来计算投资方案的净现值（各期现金净流量的现值和期末残值的现值）。比如，先以 10% 作为投资方案的资金成本来折算该方案的净现值，再看其净现值是正数、负数还是零。如果净现值为正数，说明估计的 10% 这一折现率小于该方案的实际投资报酬率，因此，必须提高折现率（如 12%，15%……），再重新计算净现值；如果净现值为负数，则说明这一折现率大于该方案的实际投资报酬率，应降低折现率并重新计算净现值。重复以上步骤，一直找出一个可使净现值为零的折现率为止。如果不可能找到一个恰好使净现值为零的折现率，则应找出两个相邻的折现率使净现值和净现值率接近于零，且一个高于零，另一个低于零。

（4）净现值、现值指数和内部报酬率三种方法的比较

在多数情况下，运用净现值法和内部报酬率法这两种方法所得出的结论是相同的，但在以下两种情况下则会产生差异：

一是原始投资不同，一个项目的投资额大于另一个项目的投资额。

二是现金流入的时间不同，一个在前几年流入较多，而另一个则在后几年流入较多。虽然在这两种情况下使运用两种方法的结论产生了差异，但引起差异的原因是一致的，即两种方法假定中期产生的现金流量进行再投资时，会产生不同的报酬率。净现值法假定产生的现金流入量重新投资会产生与企业资金成本相等的报酬率；而内部报酬率法却假定现金流入量重新投资产生的利润率与该项目的特定的内部报酬率相同。

净现值法与现值指数法使用相同的信息，因此，得出的结论常常是一致的。但是当原始投资不相同时，有可能会得出相反的结论。

6. 如何处理追加投资

每个老板都要很严肃地对待追加投资问题。

在企业的投资行为中，每位老板兴许都会碰到这种进退两难的情况：预算资金已按计划投入，若再追加投资，感觉仍看不到希望；如不投资，又舍不得已投入的部分。

初始选定一个项目时，老板往往做了大量的前期准备工作；分析前景、做可行性研究、筹资、编制计划、决策。可投资进行了一半，因各种原因会出现这样那样的问题：被投资产业不再被看好，投资地出现意想不到的自然灾害、战乱及疾病，资金供给不足，投资中出现难以克服的技术难题。

作为老板必须做出要么追加投资，要么不再追加投资的抉择。

这个抉择的做出是建立在严密的和确切的实际考察基础之上的，有时它会很大程度上依赖于老板个人的主观判断，但无论如何，都要在决策前做充分的准备工作：

- 找出使投资中止的具体原因；
- 分析产生该原因的深层背景；
- 若追加投资，会产生哪些收益；
- 若放弃投资，损失会有多大；
- 测算继续追加投资后，成功的概率；
- 预计继续追加投资，所需资金总额；
- 资金来源是否有着落；
- 考虑若追加投资后，会不会产生新问题。

在细细考虑了以上几方面以后，最痛苦最漫长的过程莫过于决策过程了。在下定决心的前一秒钟，老板们似乎还在摇摆不定：该投呢，还是不该投?

千万不要在这个问题上犹豫不定，必须有明确的理由服从这个决定。最关键最核心的一点是，必须能准确地判断所投资的项目。若这个项目依然有较好的市场前景，并且自身拥有开发能力，同时周边环境容许，则千万不要为一时资金供给不足而轻易放弃；相反，若这个项目前景看淡或自身无开发能力或周边环境不容许，不管已投入多少，要坚决地割肉，就此放手，千万不要有某种幻想。

这时的判断往往是不理性的，大多数时候要依赖老板个人的直觉与经验。但无论如何，在做追加投资决策时，你必须保持头脑的清醒和必要的谨慎，考虑问题，一定要细致而周到。应坚持的原则如下：

①效益性原则。追加投资必须能为公司带来超过投资或成本的经济效益，同时会对企业整体经济效益产生有利的影响。

②安全性原则。追加投资必须能够按期收回本金和应得的投资收益。要全面考虑被投资项目的行业特点、发展前景、财务效果及经营获利能力。

③流动性原则。确保追加的投资具备必要的变现能力，千万不能把资金套牢。

④整体性原则。追加投资必须服从于企业的整体战略，有利于企业长期稳定发展。

说得极端一点，有时追加投资决策类似于赌博。老板们很难利用现有信息，做出自己100%肯定的决策，他们不敢肯定自己决定的事情就是正确的，运气也是他们通常相信的东西。

二、防范风险，投资必须谨慎

1. 时刻注意投资中的风险

投资总是伴随着风险的，这是投资的“铁律”之一。那么到底什么是风险呢？用通俗的话来讲，就是指存在未来会造成亏损的可能性。只要有可能带来亏损，就有风险。具体分析，影响投资价值的风险有以下几类：

（1）本金损失的风险

不论是因市场因素还是因经营水平，都存在这类风险。

（2）收益损失的风险

这是指投资无法带来预期的收益，如租金收不到或无法分配到股利等类型的风险。

（3）通货膨胀的风险

这也称购买力风险、物价上涨风险。**在通货膨胀的情况下，实际收益率会受到影响**。比如，一项投资的收益率为12%，但是如果通货膨胀是8%，那么起初收益率仅为4%；假如银行存款利率为7%的话，则真实收益率为负。持有现金所受损失更大。

（4）经营风险

经营风险主要指股票和公司债券，发行公司在其营运的过程中，会发生一些不确定的变化或损失，使得公司的股票价值或债券价值受到影响。

（5）拒付风险

也称偿还风险，指在发行债券的公司或发行股票的公司因发生破产或其他无法清偿的原因，使得投资本金部分或全部受损的风险。

（6）利率风险

利率本身不是固定的，随着市场上资金供求的变化而变化，时高时低，在投资的时候，要利用利率变化获益，而不是在利率变化时受损。比如说购买债券，应选择在利率高的时候买进，利率低的时候卖出。股票价值的高低与利率成反比。

（7）汇率风险

汇率由市场决定，或高或低。汇率的变化对人民币价值和股票市场股价以及其他金融商品价格都有影响。

风险性与流动性一样，视资产的不同而各异，并且获利性与风险性之间成正比关系。高收益伴随高风险，因此，“想要赚到钱，就要赔得起！”

要投资，就必然面临损失的风险，如果不想有任何的损失，只有一条路，就是不去投资。而不作任何投资，就无法获利，无法赚更多的钱，资产也不可能保值、增值。

2. 防范投资风险的一般策略

如何才能做好风险管理，在降低投资风险的同时获得更高的报酬呢？下面就是投资避险的一般策略。

（1）分散风险

将资产分散于不同投资市场中的数种有价证券以降低风险。

（2）长期性投资

投资，特别是股票投资，长期持有的风险比较小。

这其中的窍门在于你不必在意短期的价格波动与投资大众的心态。大多数的投资人喜欢在行情低迷时卖掉他们的投资，其实可能正是行情即将从谷底翻扬的时候。**如果将注意力集中在长期投资的成果上，投资决定就不会受到情绪的左右。**

(3) 远离目前热门的投资标的

热门投资标的之所以热门，就是因为它们看起来不错，一旦价格跌到比实际水准更低之后，你就会被这些昨日之星套牢了。

(4) 切勿听信小道消息

不要把辛辛苦苦赚来的钱浪费在道听途说的投资上，因为根据我们的经验，十个小道消息中，只有一个是真的。就算这些小道消息真的灵光，通常也是不合法的内线消息。其实在一定情况下，根本没有什么天大的秘密。

千万不要听信花言巧语，而在没有事实依据的情况下做任何的投资。假如有些事情听起来实在太好而不像是真的，这多半不会是真的。未上市的股份和新发行的有价证券通常都有公开说明书，研读这些说明书一般可以发现潜在的风险。你一定要调查推销投资产品之个人或公司的背景如何，并且询问他们投资该项产品最糟的情况为何。最后，不要投资那些解释不清、无法证实和令人难以相信的产品。

3. 如何躲避和控制投资风险

躲避风险是对直接的风险损失进行回避的一种行为，其主要优点，是把损失出现的可能性降低到零，消除自己遭受损失的可能性。其避险的办法主要有:

(1) 放弃或终止某项投资或经营计划的实施

通过对某项投资项目或经营计划进行系统周密的可行性分析和科学论证后，如果发现该投资项目或计划的实施将面临重大损失，或者有潜在的危险，那么，就应该放弃或停止该项投资或经营计划。

(2) 改变计划

改变计划，是指因原投资或经营计划存在较大风险，于是改变原计划中的投资方案或经营规划，而采用风险较低的投资方案或经营计划。例如，当发现某项产品的市场需求已趋饱和时，显然投在这种产品上面的项目将面临极大的风险。这时企业应果断地做出决策：是放弃原定的投资计划，还是改变原来的投资方案；如果改变投资方案，那么，就要重新分析和发现新的投资机会，选择一种风险较小的项目上马。

（3）风险转嫁

风险转嫁，是指通过正当的、合法的手段，将风险损失转嫁给他人的方式。**风险转嫁分为保险转嫁风险和非保险转嫁风险两种形式。**因保险转嫁风险是事前的，且有法定的程序，操作起来比较简单，因此，这里要讲的转嫁风险是指非保险转嫁风险。其主要的方法有以下几种。

①租赁合同。在财产租赁合同中，由于有些租赁项目的期限较长，双方都存在转嫁风险的可能性。例如，在租赁合同中，存在设备更新条款，那么，如果要在租赁合同中把有关风险转嫁给对方，就需要对设备更新条款进行仔细研究，从而做出有利于我方的解释。再如，合同如果约定，在租赁期限内因意外事故所引起的损失应当由租借人承担，那么，在客观上出租人就把潜在的财产损失的风险转嫁给了承租者。又如，在较长时期的设备租赁中，如果合同对每月或每年租金的规定没有考虑通货膨胀的因素，那么事实上，承租者就已经把租金受通货贬值因素影响的风险转嫁给了出租者。

②委托合同。是指委托人将其财产等交由受托人代管，并且支付一定费用而签订的合同。通过合同条款，委托人可以将委托物的潜在损失转嫁给受托人；而受托人在一定情况下，也可以将委托物的潜在损失转嫁给委托人。这种风险转嫁如同租赁合同一样。

③保证合同。是指保证人与债权人达成的一种协议，它规定，当债务人无法按期偿还债务而使债权人蒙受损失时，由担保人负责赔偿。于是，债权人通过保证合同，就将由债务人造成的潜在损失的风险转嫁给了保证人。

④建筑工程合同。建筑工程合同主要涉及建设单位与承建单位之间的种种责任，如谁应承担修建时修筑物因自然或人为因素所造成的损失的责任。在建设过程中，引起的种种对第三者的责任事故应该由谁来承担？建筑材料涨价等市场因素造成的损失应该由谁来承担？等等。这些内容在条款中的规定，会影响双方如何把风险转嫁给对方；而如果合同规定的条款含糊不清，更会增加日后双方转嫁风险并产生纠纷的可能性。

实际上，市场上许多风险是企业无法躲避的，这时，企业就要采取对风险损失的控制，以期尽量降低风险。这种控制风险损失的措施，主要有预防性措施、保护性措施和制订应急计划等方法。

（1）预防性措施

风险损失的预防措施，是指那些能够降低损失发生概率的措施。在企业的风险管理中，应把预防损失贯穿于企业投资和经营的全过程。例如，外汇风险是每一个涉外企业都有的风险。对此，涉外企业就应该时时刻刻地有预防这种风险的措施，以期降低外汇市场的汇率风险。通常，在发达的市场条件下，涉外企业可以通过外汇期货市场来降低此类风险。

（2）保护性措施

这是指保护处在危险或可能性伤害中的人或物。例如，当某种产品让使用者及其他人的安全存在伤亡的危险时，企业就应采取严密的全面的质量和安全控制制度：消除产品的缺陷，防止潜在的损失出现，对有危险的机器设备安装安全保护装置，等等。

（3）制定应急措施

这主要包括若干抢救性措施及关于企业在发生损失后，如何继续进行其他的业务活动，以尽量减少损失或人员伤害的措施。例如，一旦出现果树病虫害时，水果罐头厂应有转产生产的准备；以外销为主的企业，在出口受阻情况下，应该有扩大内销的准备。

4. 克服投资中的心理误区

对一个投资者来说，常易受到下述不良心态的困扰，从而影响投资效果。

（1）害怕赔钱

有的投资者对已经看好的项目或选好的股票，手里攥着钱就是不敢投，生怕一旦失误血本无归，结果往往坐失良机；或者，钱已经投进去了，一旦遇到波折或波动，马上精神紧张，害怕从此一蹶不振。有时，这种害怕或担心甚至发展成为恐惧，这时最容易做出错误判断，导致盲目行动，增加不必要的损失。这种人把得失看得太重，为钱财所累，物质上的得失且不论，精神上的损失也是严重的。其结局，最常见的是懊悔、沮丧。

(2) 贪心求大

一项投资明明可以赚到合理的利润，偏要把它搞成暴利，结果引来许多人一窝蜂似地争夺这个市场，造成局部供大于求，使本来可以到手的合理利润下降，最终大家都无利可图。有人说“暴利是自杀的政策”，真是一点不假。再有，明明手里的某只股票已经远远高出了买入成本，还是不肯出手，总希望再涨点。突然，大势一变，眼看到手的钱又飞走了不少，马上抛出又不甘心，寄希望于反弹，结果事与愿违，一直跌破了成本价，反倒被套住了。贪心就会走向失败，喜悦每每变成烦恼。这种人应该常常温习“知足常乐”的古训。

(3) 过于自私

当在困难或无利的时候，可以团结奋斗，一旦有了利润，原本应该各得其所的就变成了唯我独占。这种人忘记了一条基本的常识，人人都要独占利润，世界就不能存在了，把利益分给别人一些，自己的路子才能越走越宽。

宁肯大家都干不成，自己也不能吃一点亏，这是一种破坏性很大的不良心态。**只有共同做事、共享成果才是最可取的。**争则不足，让则有余，如果只顾着争论收获后的分配比例，却放着土地不种庄稼，到头来，大家都会颗粒无收。

在市场经济中，任何清醒的投资理财都以追求最大利润为目标。在这种机制的推动下，社会的物质文明向前发展了，也随之出现了各种各样的问题，需要我们去很好地处理。其中，如何调整自己的心态，使之不断趋于平和，是很重要的。在一个充满了种种不确定因素的环境中，唯有保持一种较为平和的心态，才能帮助你作出明智的判断。

5. 企业投资二十忌

(1) 忌不了解宏观环境

宏观环境，是企业本身无法控制的外部因素。它包括的内容很广，主要有经济环境、政治与法律环境、科技环境、文化环境等。

企业投资的宏观环境具有复杂性、动态性和可控程度低三个特点。

复杂性，是指企业投资，其外部影响因素极为纷繁复杂，各种因素对企业投资活动所起的作用又不相同，并且在不同的客观经济条件下，这些因素又以不同的方式组合成不同的体系，发挥着不同的作用；动态性，是指影响企业投资活动的各种外部因素是在不断地运动变化之中的；可控程度低，则是指企业投资本身很难对这些外部环境因素施加有效的影响。

企业在从事投资活动前，必须搜集各种有关信息，认真分析、研究宏观环境的发展变化。否则，很可能因为不了解宏观环境的状况而使投资“竹篮打水一场空”。

(2) 忌需求状况不明

商业投资与在其他领域内投资的最大不同之处在于除了少数批发企业外，绝大部分商业经营者都是直接与老百姓打交道的。**因此，老百姓的需求状况如何，直接决定着商业经营的好坏**。没有需求的商业，不过是“无源之水”“无本之木”，是无法做到买卖兴隆的。

投资前要想很好地掌握需求情况，必须开展深入细致的需求状况调查，包括需求总量调查、需求结构调查、需求节律调查和需求动机调查。分别简述如下：

需求总量调查。即投资前要了解预期顾客的需求水平。投资者可以采用连锁比率法进行测算。例如，投资者打算兴建一家饮料店，首先应弄清预期顾客的总人数，其次要测算人均可随意支配收入和几个比例，可套用这样的公式：

$$\text{饮料需求}=\text{人口总数}\times\text{人均个人可随意支配收入}\times\text{个人可随意支配收入中用于购买食物的百分比}\times\text{食物花费中用于饮料的百分比}$$

需求结构调查，是为了了解顾客购买力的流向，主要对居民收入水平进行分类，测算出每类居民购买力的投向。

需求节律调查，主要是了解需求的季节性变化规律。

需求动机调查，主要是了解顾客购买商品时的购买动机，即是求名心理、求新心理、求廉心理还是求实心理等。企业进行投资只有掌握了预期顾客的购买动机，在投资项目建成后才能开展有效的经营。

(3) 忌不掌握竞争状况

兵法云：知彼知己，百战不殆。企业对于准备投资于其中的某一行业的竞争对手必须充分了解。这是企业在开展投资活动前必不可少的一项准备工作。需要了解的情况包括：竞争对手的数量、经营状况、劳动效率、优势和弱点、竞争策略以及潜在的竞争对手等。

在投资前深入研究竞争状况，对企业来说至关重要。企业应详细调查在准备投资的地段，有多少竞争对手，竞争态势如何；如果己方加入战局，会使竞争态势发生于己有利还是不利的变化；己方有无能力采取应对措施。“商场如战场，商情即战情”，这一点，企业在投资活动应牢记在心。

(4) 忌不搞价格调查

在投资者进行的调查活动中，价格是需要考虑的重要因素之一。价格水平的高低及其变动情况不仅对于投资项目的造价具有重要影响，而且对于投资项目投入经营后的经济效益具有十分重要的意义。

“胡子工程”是我国基建投资中的一个特有名词，它是指那些建建停停、停停建建，实际工期大大超过了预期时限的基建工程。这其中的商业投资项目也不在少数。成为“胡子工程”的一个重要原因就是事前没能掌握建筑材料的价格变动，以致预算严重不足。

企业在投资前从事的价格调查的内容不仅应包括建筑材料价格变动及其趋势，还应深入了解计划经营的商品的价格变动及其趋势，通过对这些因素的分析，测算出价格变动对于拟投资项目总投资的影响程度，从而预先采取积极的应对措施，争取在剧烈的价格波动中始终占据主动地位。

(5) 忌不调查货源情况

货源情况对于投资者来说是必须了解和考虑的重要因素。只有具备充足的货源，商业投资项目竣工并投入使用后，才能保持正常的运转，获取合理收益，收回这笔投资。相反，如果没有充足可靠的货源，则投资项目很难取得预期的收益。

事实上，由于投资前没有认真调查研究货源情况而导致投资效益低下的例子比比皆是。有一位搞运输业起家的小老板，几年下来攒了不少钱，决定把这笔钱投资于别的行业，以便把死钱变成活钱。他看这些年服装行业很红火，尤其是大街上的精品店更是赚钱不少，于是，一拍脑袋，投进去几十万，在一个繁华街区也建了一家精品时装店。可是店面建成之初，老板犯了愁，既然是精品时装店，卖的时装当然得是高档名牌。普通牌子的衣服他看不上，可当他与一些名牌服装生产厂商联系时，别人又看不上他，理由不是缺货便是只供应老客户。眼看时间就这么一天天过去，可他的精品店迟迟开不了张。老板心急如焚，最后只得把店面以低价盘给了他人。

显然，这位老板便是因为投资前没有认真了解货源状况，从而花了冤枉钱。如果他肯费点时间去看一看、听一听，他就会发现在名牌时装日趋紧俏的今日，投资于精品时装店十有八九会遇到障碍；尤其是对他这样的初次涉足服装行业的新手来说更是如此。如此一来，也许他会改变投资方向，将这几十万用于别的方面。

对于企业投资来说，不仅要树立一种了解货源十分必要的意识，还应掌握货源调查的基本内容。一般来说，投资前的货源调查主要包括：本行业、本地区该种产品的生产经营状况和国际上的生产经营状况，新产品开发情况，商品的种类、质量、成本、数量、盈利等。投资者在行动开始前，只有对这些情况了如指掌，才能理智地做出分析和判断，防止“把票子扔在水里”。

（6）忌不预测商品销路

对于投资者来说，预测商品销路，是非常关键的一环，是投资前一项必不可少的准备工作。因为商品总是先买后卖，为卖而买。商品销路如何，直接关系到企业的经济效益。如果企业经营的商品销路不好甚至没有销路，则投入的资金要想收回甚至增值，其困难程度是可想而知的。

把一家副食品商店建在居民区，结果会怎样？恐怕大多数人都会说，肯定红火，因为副食品在居民区肯定大有市场。但是，且慢！有一家副食店建立在居民区，但开张后不足4个月便关门大吉。具体问题具体分析，让我们来看一看个中原因：

这家副食品商店经营肉、禽、蛋、奶和烟、酒、糖、茶等日常生活必需品，并且处于居民住宅区内。其倒闭的重要原因之一就是在投资前没有认真地分析商品销路。不错，居民住宅区内的日常生活用品市场大，但是，投资者没有考虑到，这一带的居民以在外资企业做事的“高级”白领为主。他们的一日三餐的饮食习惯与传统的市民相比，已经有了很大的变化。他们的早餐往往是一片面包蘸点黄油，午餐一般在工作地点用而晚饭也倾向于西式。他们很少在传统的副食店里购买传统食品，而倾向于在超级市场里买一些半成品和速冻食品。

副食商店的投资者如果能事先掌握这一情况，完全能够得出在这个地区内经营副食是难有销路的结论，进而很可能改变策略，转而投资建个食品超市，肯定会财源不断。

事实上，要想掌握商品今后的销路，需要综合了解多方面的情况。除了所经营商品本身的特点，包括商品设计、性能和用途、造型、包装、安全性、生命周期、新产品开发等要点，还要了解顾客构成、需求水平、竞争态势、购买心理和购买习惯等各项因素，进行通盘考虑。因此，从这个意义上讲，对商品销路的预测绝不是件孤立的工作，它和上面讲的“禁忌”都是有着密切联系的。

（7）忌不调查建设条件

在投资前从事的调查活动中，建设条件是需要考虑的重要因素之一。建设条件的好坏，直接影响到商业投资成本的高低、建设周期的长短、资金周转的快慢等，从而影响到商业投资效益的高低。**因此，商业投资者在投资前，必须审慎地进行建设条件调查。**

例 对于凯利集团来说，2009年4月10日是个值得铭记的日子。这一天，他们在省内著名的旅游区内耗巨资兴建的一座高级饭店被勒令停止使用，为此，凯利损失惨重。事情的原委是这样的：

2008年，凯利集团总部经过研究，决定在该省的风景区内建一座饭

店。他们认为，该风景区景色宜人，享誉国内外，尤其是溶洞，堪称一绝，吸引了大量外国游客。因此，修建高档饭店肯定有利可图。凯利集团在很短的时间内动员了大量的资金，建成了这座名为“凯利金帝”的饭店，它被省旅游局定为三星级，这在省内是少有的。饭店开始营业后，一时间宾客如织，门前车水马龙。凯利的决策者们不禁喜上眉梢，他们计算了一番，认为照这个速度，三年就可赚回两个“凯利金帝”。

然而，好景不长。开业半年后，有房客反映，房间地板有渗水现象。最初，“凯利金帝”的管理者不以为然，认为是潮湿空气所致。未曾想到，这种情况越来越普遍，甚至出现了地板开缝的情况。饭店管理者这才慌了神，忙请来专家。经过研究，发现饭店的地层下藏有暗河，因而出现了地面沉降的情况。要想根治根本不可能，只有搬迁。

这个消息传出后，一片哗然，房客也随之大减。“凯利金帝”好不容易挨到了2009年4月10日，在其开业一周年之际，宣布关门。

凯利的教训是惨痛的。投资者们不可不考察建设条件。建设条件调查一般包括这样一些内容：投资项目建设地点的气象、水文和地质条件，投资项目的占地面积，投资项目所在地的搬迁情况，等等。投资者们在投入资金前，一定要认真了解和全面掌握这些情况，以便为投资项目建设的顺利进行打下坚实的基础。

(8) 忌不了解周边环境

对于投资者来说，在投资前对所择地点的周边环境进行仔细分析，考察投资项目的周边环境是否适宜相称，也是极为重要的。商业经营的实践证明：商业投资项目的环境状况与投资效益的高低有着直接的关系。如果所在地的环境适宜，则会增强对顾客的吸引力，增加顾客流量，从而有利于增加企业的销售收入。反之，如果环境选择不当，会极大地影响顾客流量，不利于企业取得良好的经济效益。因此，商业投资者应高度重视投资前的环境调查，全面掌握周边环境状况。

遗憾的是，在现实的经济生活中，不从事环境调查、不了解周边环境就匆匆上项目的投资者大有人在。这样的反面教材，我们可以信手拈来：

例 在沿海某个城市的东南角，是人人皆知的“高尚住宅区”。这里居住的大都是官员、艺术家和知识分子，环境优雅、宁静，为众多的市民所向往。

然而，随着“音响热”的升温，城市中的“发烧”音响商店也进入了这个地段，在社区中心安营扎寨吸引了大量顾客前来购买音响。于是，整日间这里荡漾着各种激扬的爵士乐和港台歌星缠绵悱恻的歌声。商店天天顾客盈门，获利颇丰。可是，社区内的居民却难以忍受，他们已习惯多年的宁静环境被终日响个不停的音响所扰乱，于是向商店老板提出了严正抗议。老板认为自己是合法经营，故毫不在意。可是他忘却了这里的居民有很高的影响力。不过几日，商店接到了环保部门的噪声污染罚款通知单，最后则是法院传票。

试想，如果这家音响店的投资者能考虑一下他所择地点的周边环境，他会发现那儿开设一家音响店是不具备适宜的环境条件的。不妨把它设在繁华的街区，这样，不仅可使顾客流量大增，也可免受如此之多的麻烦。

由此可见，投资前不了解周边环境，实为投资者的一大忌。

(9) 忌交通运输不便

交通运输方便与否，直接影响到企业的进货和销售情况，从而影响到投资效益的高低。投资者不论是投资于批发还是零售，都需要考虑交通运输的问题。

如果投资者欲兴建批发企业，由于是批量进货、批量销售，因此在选择投资地点时必须考虑公路、铁路、水路、空运等交通运输条件的好坏。一般来说，应选择那些距离车站、码头、港口较近之处为宜。

如果投资者欲投资零售企业，同样必须考虑交通条件的好坏。由于零售直接面向广大消费者，如果择定的店址不便于顾客前来购物，会严重地影响商店的顾客流量，使企业无法取得理想的销售收入和利润，从而直接影响商业投资者的利益。因此，投资者应选择那些有着方便的交通条件的地点建立零售商店，如靠近公交车站、有一定的停车空地等。在大中城市里，这一点尤为必要。

在这方面，成功的典范很多，然而失败的例子也不少。1995 年末，东南某省的省会城市中爆出一大新闻：开业不久的一家平价商场经营困难，几乎到了关门歇业的地步！这家平价商场在开业时颇为引人注目，它模仿欧美的货仓式商场，设在该市的城郊结合处，号称“省内老大”，在全国亦是为数不多的几家大型平价商场之一。开业那天，该市市民携家带口，不辞辛劳地换乘好几次公交车前去观光购物。商场内可谓顾客盈门。

但时间不长，顾客逐渐减少，商场每天的销售额不能抵补各种开支。原因很简单，因为这家商场销售的商品以日用生活品为主，属于消费者经常购买的范围。但由于商场位于市郊，交通极为不便，市民们毕竟不像国外消费者拥有自己的小汽车，去那儿购物仅在路上就得折腾几个钟头。像这样一次两次还可以，经常去谁都受不了。于是，随着时间的推移，消费者对这家平价商场的新奇感逐渐减弱以至消失，他们宁愿以稍高的价格在住所附近购买日用品。这样一来，这家平价商场自然也就少有人问津了。

由此可见，交通运输不便，应为投资者择址时的一忌。

(10) 忌逆悖商品的合理流向而动

投资者在投资于商业企业尤其是批发企业时，应该注意在商品的流通过程中客观上存在着合理、经济的流动方向，即商品从产地向销地流动，从价低的地方流往价高的地方，从供过于求的地方流往供不应求的地方。

投资者在择点兴建商业企业之时，应该遵循商品的合理流向，而不应让商品的运动出现逆流。如果出现这种情况，会人为地拉长商品在流通领域中停留的时间，会使商品产生变质、损耗等情况，无法很好地满足消费者的需求，同时，也给投资者带来不可避免的损失。此外，还会使资金的周转速度大大放慢，最终降低投资效益，影响投资者资金的收回和增值。

在这方面，我们在历史上就曾有过沉痛的教训。新中国成立后相当长的一段时期内，我们不是按照经济区划设立批发企业，而是依据行政区划来设点，结果形成了这样一个商品流通渠道：生产厂家→一级批发站→二级批发站→基层批发企业→零售商店→顾客。产品按照这条路线实行自下而上的调拨集中和自上而下的层层分配，结果大大增加了中间环节，产生了商品倒流、迂回运输等诸多不合理现象，造成了极大的浪费。

有这样一个例子，虽然今天听起来让人倍感可笑，可在当时确实是真事一桩。甲城是有名的煤炭生产城市，可负责收购的煤炭批发企业却设在离甲城数百公里的乙城。这样，甲城的用煤企业需向乙城的批发企业购买，于是，煤炭从甲城旅行数百公里到乙城，又从乙城回到甲城，兜了个大圈子，白白浪费了大量的人力、财力和物力。

这种历史绝不应再重演。以有悖商品的合理流向的方案来设置商业企业，当为投资者尤其是各级政府决策者们戒！

（11）忌不了解有关政策法规

企业从事投资活动，往往需要牵涉到方方面面的关系，因此，在投资前和投资过程中，都必须认真了解和研究国家的有关各项投资法令、法律和政策，还应该特别注意投资项目所在地的市政当局对于投资活动有无特殊的政策和规定。**投资者只有在各项政策、法规允许的范围内从事投资活动，才能确保投资的顺利进行。**

我们且不说国家的宏观政策会对投资者的投资活动产生多么重大的影响，即使是城市市政当局的有关法规亦会影响到投资活动能否顺利进行。

例 某一海外著名财团与我国一个知名古都的商业主管部门达成协议，由他们出资，在该市兴建一座商业大厦。海外财团确实财大气粗，供给这座大厦的建筑资金非常充裕。施工进度很快，计划18层的大厦已建到了8层。但就在这时，该市的城市规划部门却发出了“工程停建通知单”，因为该市的地方法规明文规定，在古城墙周围××公里以内，任何建筑物的高度均不得超过古城墙。这下子让投资者傻了眼，因为事前他们根本就没有了解到该市有这样的规定。怎么办呢？最后几经交涉，仍无济于事，这座大厦不得不在八层上就封了顶。这家财团的计划就这样落了空。

如此的教训，投资者应认真吸取！

（12）忌不能把握投资机会

对投资者来说，能否把握投资机会是极为重要的。我国清代著名学者郑观应说过这样的话：“商情极幻。”意思是指商业活动中情况复杂，变幻莫测。这种市场的变化既可能给投资者造成致命的威胁，同时也会带来潜在的机会。商业投资者如果能及时把握这种机会，往往能在激烈的市场竞争中占据主动地位，获得丰厚的回报；反之，投资者如果由于种种原因，与市场机会失之交臂，就可能陷入被动局面，给企业造成损失。

例 云山区是某沿海城市最大的一个城区，这儿的“利发”和“吉瑞”是两家老字号百货商店，也是全市规模最大的两家。这两家商场在多年的竞争中互有得失，倒也相安无事。自从该市被辟为沿海开放城市后，外资企业多了起来，身着西装、打领带的“白领”也越来越多。这天，在两家商场老总例行的工作会餐中，“吉瑞”的张总长吁短叹，说现在的年轻人都爱穿西服，服装部的衣服不大好卖了。“利发”的老总王先生颔首表示同意。正所谓言者无意，听者有心。王先生意识到这是个难得的机会，回到商场后立即召开会议，决定投资在商场内建个西服厅。“利发”干得热火朝天，“吉瑞”却无动于衷。“利发”的西服厅开业后，红火异常，客流量大增，销售额直线上升，而“吉瑞”的顾客却越来越少。这时，“吉瑞”的张总着了急，也才跟着建一个西服厅。可到建成时，“利发”的西服厅面积又扩大了许多，品种、款式不断推陈出新，顾客始终被“利发”牢牢地抓在手里。这时，张总追悔莫及地说：“当初我要能抢先一步，也不会落到今天这个地步！”

的确，商场如战场，谁要能抢先把握机会，就能占据优势地位，获得竞争的胜利。对此，投资者们不可不察！

(13) 忌不搞预测，仓促上马

对于投资者来说，投资预测是十分重要的。一般而言，一个投资项目的建设通常要经历较长的时间跨度，由于宏观经济政策、经济发展速度等因素的波动，投资前和投资项目建成后商业投资者所面临的经济环境通常会有方方面面的不同，如果投资者事前不搞预测，无法预见到这些变化，往往很容易陷入被动的境况。

一般来说，投资预测主要包括下面几个内容。

①需求规模预测。即对未来一定时期内商业投资项目所服务的顾客的需求水平变化进行预测。需求水平的高低直接关系到顾客购买量的大小，从而影响到商业的经营和投资者的收益。因而这是商业投资者首先要做的一项工作。

②需求结构预测。即对未来一定时期内商业投资项目所服务的顾客的购买力投向的比例构成及其变化趋势进行预测。需求结构的变动直接关系

到商业经营品种花色的变化，也会对商业投资者的收益产生很大的影响。因而，这项预测工作也是必不可少的。

遗憾的是，在现实的社会经济生活中，却存在相当数量的投资者，他们头脑里未树立起预测的市场观念，而是拍脑袋决策，很多投资项目是匆匆上马，结果又不得不草草收场，给各方面都造成了无可挽回的经济损失。

例 皇冠商业集团是A市有名的“龙头老大”，有着20年的历史和骄人的业绩。但“皇冠”人永远也不会忘记他们在创业之初所历经的艰难和坎坷。

“皇冠”诞生于20世纪90年代初，最初只是一家很小的商场。成立后不久赶上国家取消布票，居民购买布料再没有数量限制。“皇冠”认为这是个机会，于是四处筹资，终于两年后，他们兴建的全市最大一家布料店——“皇冠”花布商店开业了。然而，出乎“皇冠”人意料的是，市民们对此反应十分冷淡。预期中的店内熙熙攘攘的场面没有出现。“皇冠”人纳闷了：是商店地处偏僻地段吗？不是，它恰恰位于全市的中心区。是店里的品种花色不够齐全吗？也不是，这是全市同类商店中面积最大的一家，也是货最全的一家。带着这样的疑问，在惨淡经营不到一年后，“皇冠”被迫挪作他用。

今天，“皇冠”的老总回忆起当年他们第一次出击就遭惨败的情况，微笑着说：“当初就是因为没有预测需求。”确实如此。在那时，人民的生活水平不断提高，购买力也有了很大的增长，在衣物的消费中，对布匹的消费已趋减少，他们更倾向于购买成衣而不是买布料进行裁剪缝制。可是，“皇冠”人却没有看到这一点，偏偏要建个花布店，岂不是逆潮流而上？因此，他们的失利在其决策之初就已经被预先注定了。

投资预测的重要性是显而易见的。但是，投资者应该注意的是，在预测中，除了对需求进行预测外，还应对供给和投资者本身的实力变化作出预测。下面简单地说一说。

供给预测。同需求预测一样，它也包括供给规模和供给结构预测。供给规模预测，是对在未来一定时期内商品的供给水平的发展变化进行预先的估测。供给结构预测，是对在未来一定时期内在商品供给总量中各类商品以及不同品种花色的商品所占比重的发展变化进行估测。

投资者实力预测，也叫投资能力预测，主要包括：可投入的资金总量的变化，已经投入的资金增值能力，投资者的素质变化，等等。

(14) 忌随意变动投资计划

投资者在投资项目正式开工前，应该通盘考虑，拟定项目投资计划。它一般包括下面几个内容：一是投资于该项目的理由；二是投资来源；三是投资规模；四是投资地点和占地面积；五是工程建设规模；六是建设工期和建设进度安排；七是劳动定员；八是经济效益和社会效益。

由上述内容可以看出，投资计划是投资项目建设前和建设中负责总揽全局的文件，它是投资者进行了多方面论证，综合权衡各种因素后才提出的，因而具有很高程度的严肃性，一经提出就不应随意变动。

投资计划在拟定后需要报经有关部门审批，如果有所改动，同样需要有关部门的批准。从这个角度出发，投资计划一经确立，也不宜随意变动。当然，要想做到这一点，就必须把计划工作建立在广泛搜集有关信息、科学地分析和预测的基础上。企业投资们绝不应忽略这些工作。

(15) 忌摊子铺得过大

企业从事投资活动，首先必须对自己的实力有一个正确的估计，耐心细致地进行成本和收益的对比估算，确定一个最急需投资而收益又相对最高的项目，而后“收拢五指，用一个拳头打人”，这样方可提高投资的有效性。切忌觉得这也好，那也好，于是几个项目一起来，把本来就不雄厚的财力给分散开来，最后的结果很可能是哪头都想顾，却哪头也顾不好。在现实生活中，这样的例子并不少见。

例 “金龙”集团是B市近两年内崛起的一颗新星。它原本是B市的一家木器加工厂，由于把握住了市场机遇生产高档家具，非常畅销，其实力迅速膨胀，接连兼并了几家企业，组成集团，更是声势逼人。

在近一次集团高层会议上，“金龙”的王老总提出了他的“向第三产业进军，来个遍地开花”的计划。他打算修建一座大型的“金龙”家具城和一家“金龙”平价商场，并且平价商场要搞成连锁式，先修三家。王老总的大胆设想提出后，在会议上引起了强烈反响。有几位干部表示反对，认为“金龙”这点家资来之不易，现在如果摊子铺得太大，有很大风险；更何况“金龙”的资金根本不足以支付这些投资费用。王老总则不以为然。他认为现在家具城和平价商场都是新生事物，有很广阔的发展前途，如果不抓住这天赐良机，则“金龙”以后的发展会受限；现在“金龙”声名鹊起，向银行贷款和同业借贷不会费多大力气，因而资金不成问题。在王老总的一再坚持下，会议通过了这个计划。

果然，“金龙”很快筹到了所需款项，四处工程（家具城和三处连锁平价商场）同时开始动工。开始一段时间，工程进展十分顺利。但未曾想到，就在这时，“金龙”的命根子——木器厂出了问题。它生产的一批家具出口到美国，因质量不过关被索以巨额赔款。而此时，“金龙”根本拿不出这笔款子。王老总也失去了平日里镇定自若的风度，急忙四处借款，但没想到前不久还笑脸相迎的老债主不仅不借给一分钱，反而催逼以前的借款。顿时，“金龙”雪上加霜，陷入了四面楚歌的境地。王老总无计可施，只好决定停建家具城和两处平价商场，把预期的建筑费用拿来给美国人作为赔款，才临时解了燃眉之急。

半年多过去了，“金龙”的元气也开始慢慢恢复。而王老总每每驱车路过那几处原本热热闹闹而今冷冷清清的建筑工地时，脸上总会浮现出一丝难以察觉的苦笑。

奉劝后来的投资者们，当以“金龙”的教训为戒！

（16）忌经营范围选择不当

投资者在投资项目建成后，必须确定该项目投入使用后的经营范围，是经营食品还是服装？是经营五金交电还是建筑材料？这就涉及一个经营范围选择的宽窄问题：如果投资者选定的经营范围较宽，甚至包罗万象，这往往可以采用百货商店的形式；如果投资者选定的经营范围较窄，甚至只经营某一大类商品，往往应采用专业商店的形式，如食品商店、服装商品等。

经营范围的选择，对于投资者来说，是十分重要的。如果经营范围选择得当，有利于投资项目的正常经营，也有利于提高投资效益；反之，如果不适当地选择经营范围，则可能给投资项目的运营带来困难，严重的还

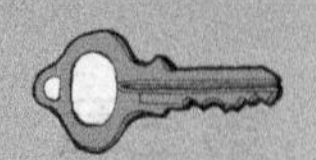

会有灭顶之灾。

那么，投资者该如何选择经营范围呢？一般说来，需要考虑下面几个因素。

①投资者自身的实力。一般而言，如果投资者自身实力雄厚，可以考虑将经营范围拓宽一些，如搞百货商店；如果投资者实力薄弱，应将主要力量收敛于较窄的经营范围，如办个专业商店。

②市场需求状况。**投资者选择什么样的经营范围，也应考虑目标顾客的需求状况**。例如，在居民区内从事食品经营，通常会拥有可观的需求。

③市场竞争状况。投资者选择什么样的经营范围，还应考虑现实和潜在的竞争者的经营范围问题，比如是否会导致同业间的激烈竞争。

④技术条件。选择某些经营范围，要求经营者具备一定技术知识。

⑤环境条件。投资者在选择经营范围时，还应注意研究这种经营范围是否与周围环境相协调。

（17）忌经营品种选择不当

投资者在确定了自己的经营范围后，紧接着便涉及选择经营品种的问题，即他要在既定的经营范围内，选择合适的商品品种来经营。例如，某投资者选择服装作为自己的经营范围，经过分析，他确定了采取宽策略，于是，他精心择定了四个品种：西装、职业女装、童装和中老年服装。

投资者不要混淆经营范围的确定和经营品种的选择这两个问题。从上面的这个例子可以看出，经营范围的确定是决定经营品种的多少，并不涉及选择哪些具体品种；而经营品种的选择则是决定具体经营哪些商品。

经营品种的选择对于商业投资者的投资和经营来说是十分重要的。在投资项目最初投入运营时，经营品种选择得当，有利于吸引顾客，提高知名度，提高投资收益；在运营过程中，适当地调整经营品种，同样能起到这样的作用。相反，如果经营品种选择不当，则投资者会落个“门前冷落车马稀”的尴尬境地，最终影响到投资者的收益。

例　前些年，全国上下兴起了一股保健品热，一时间，各种“鳖精”“口服液”满天飞。此时，京城有两位老板，一位姓刘，一位姓朱，同时决定建个自己的保健品专卖店。当时，保健品可以分为三种：保健药品，即各种膏、丸类的补药；保健饮品，即各种口服液；保健器械。刘老板和朱老板都采取了窄策略，但在品种选择上却大相径庭。刘老板认为“鳖精”满天飞的局面不会持久，长远看来，保健器械将大行其道；朱老板却坚持选择保健饮品，拒绝经营保健器械。

于是，“刘记”和“朱记”保健品专卖店在同一条大街上隔着50米几乎同时开业。开头几个月，情况似乎对朱老板有利，买各种口服液的人还不少，“刘记”门前顾客稀少。可好景不长，很快情势的发展倒了个儿，“刘记”变得顾客盈门，“朱记”门前渐渐无人问津了。其原因是消费者被某些口服液的虚假宣传弄得倒尽胃口，把注意力投向了保健器械，并且这股热潮经久不退。当然，刘老板大发其财，而朱老板则亏了本。

由此，我们不难看出选择适当的经营品种的重要性。那么，投资者怎样才能避免在经营品种选择上的失误呢？刘老板和其他众多成功的投资者的经验告诉我们，关键在于研究顾客的需求，既要掌握当前顾客的购买力主要集中在哪些方面，又要分析和预测其以后的发展变化趋势，从而在激烈的市场竞争中占据主动地位。

此外，投资者自身的经营条件如场地面积、抗风险能力、人员素质等等也是在选择经营品种时应考虑的重要因素。

(18) 忌商品经营无特色

在商业竞争中，各路人马各显神通，成功者的一条重要经验就是创造差别优势，或者说创造自身特色。

所以投资者在经营过程中，若能创造出与竞争对手相区别之处，创造并保持自己在经营上的特色，就能牢牢地吸引住市场，从而提高投资收益。相反，投资者如果在商品经营上随波逐流，没有自己的特色，那就永远只能吃别人嚼过的馒头，而无缘做商海的弄潮儿。

例 李先生是“晶晶”服装店的老板。他每个月总要去本市各大商场的服装部，摸摸那里的行情，看见什么式样的衣服好销，回去立刻四处照此进货。“晶晶”开业两年多了，李老板也辛苦了两年多，可“晶晶”的经营却不死不活，总无多大起色。为此，李先生一直异常苦恼。

显然，造成李先生苦恼的根本原因就在于他在商品经营上随波逐流、毫无特色，当然不可能取得好的业绩。

那么，怎样才能创造商品经营上的特色呢？**简单地说，商业投资者应牢牢把握十二字秘诀：“人无我有，人有我全，人全我新。”**

“人无我有”，这是说投资者应善于研究竞争者在经营上的纰漏之处，善于拾遗补阙，做到别人没有的我有，这样自然就能吸引需求没有得到满足的消费者了。

“人有我全”，这是当竞争对手弥补了在经营上的疏漏之处后，己方不消极应付，而力争购进品种花色齐全的商品，做到别人虽然有但不如我的齐全，为消费者提供更大的选择余地，这样就能争取到更多的顾客。

“人全我新”，这是说当竞争对手终于发现了自己的不足之处，也开始求“全”时，己方则应领先一步，把握住消费需求的变动趋势，及时推陈出新，这样就能始终营造出自己的特色，牢牢地吸引住顾客。

众多的老板们如果掌握了这12字秘诀，应该不会再苦恼了。

(19）忌营业设备不全

投资商业项目要投入正常的运营，必须具备充足、齐全的营业设备。当然，不同类型的商店，经营的商品品种不同，对营业设备也就会有不同的要求。投资者应该根据这些因素，来合理购置营业设备。但是，就一般的零售商店来说，有一些设备是共同需要的。下面，我们就简单地介绍一下：

①主要营业设备。这是商业投资者开展经营所必不可少的设备。一般包括：

- 销售设备，指柜台、货架以及陈列展示台等。
- 结算设备，指收款机、计算器等。
- 储藏设备，指冷藏柜等。
- 运输设备，如运货汽车等。

②附属营业设备。这是指与经营没有直接关系但同属必备之列的各种器具。如音响设备、空调设备、消防设备等。

在投资者财力允许的条件下，应尽可能置齐所需的各种营业设备。而在实际生活中，许多投资者很着重大型营业设备的购置，对一些小件却视为可有可无。这种倾向应该避免，很多大问题往往就是因为小处不细心而引起的。

例 2006年，某市一家新建不久的商业大厦燃起了熊熊大火，消防人员紧急出动，费尽九牛二虎之力才将火扑灭，但大火已烧毁了两层楼，损失惨重。据事后调查，大火是因为未熄灭的烟头掉在堆在墙角的拖布上引起的。在火刚起之时，只需一瓶灭火器完全可以将其扑灭，但营业员们四处找寻，居然找不到一瓶灭火器。原来，在开业前购置设备时，负责人员竟没有想到要购置消防设备。真是小疏忽酿大祸！

但愿这家商厦的教训能为投资者们认真吸取。

（20）忌启动资金不足

投资者在购置了必要的经营设备后，即将开始正式经营前，千万不要忘了，还须准备一笔充足的启动资金。

一般来说，商业投资上的启动资金主要用于下述几个方面：

①存货。商店开始经营时，必须有一定数量的存货，因而投资者要预先准备一笔用于存货的资金。那么，准备多少才算充足呢？投资者需要预测企业的年销售额、存货周转率以及成本销售率（即成本占销售额的比例），然后计算出最低存货点：

$$\text{最低存货点}=\frac{\text{年销售额}}{\text{存货周转率}}\times\text{成本销售额}$$

一般而言，投资者用于存货的投资应达到或略高于保持最低存货点的数量。

②盈亏平衡点前的亏损弥补。在企业达到盈亏平衡点以前，一般都会出现几个月甚至更长时间的亏损，对此，商业投资者应准备一笔资金，来弥补这个缺口。这就需要事前仔细地计算和预测可能出现的亏损额。

③意外损失的弥补。在实际的经营过程中，由于种种原因，总会出现一些意外的损失，如商品损耗变质等。**对此，投资者应专门准备一笔资金，来弥补这个损失。**这笔资金的额度最低应维持在总投资5%的水平上。

投资者应把经过计算的这几项准备资金进行加总，所得的和就是需要的启动资金。切莫随便估个数字，以免启动资金不足，而落入十分被动的局面。

第四章

财务分析，把脉问诊

一个企业要想取得良好的经济效益，并保持长期稳定的发展，不仅要认真组织好各项财务活动，还要通过这些财务活动了解企业自身的财务状况、发展趋势和问题。进行财务分析是企业了解和认识自我，进而发现问题和解除隐患的有效方法。因为通过对企业自身的“把脉问诊”，可以使企业的财务状况、发展动态和存在问题像细胞在电子显微镜下一样清晰。通过财务分析，管理者可以全面、客观地评价并提高企业财务活动的业绩。可见，财务分析不仅仅是财务活动，更是管理链条上的重要一环。

一、高度重视企业的财务分析

财务分析是企业财务管理中最重要的一环。如果说财务人员的各类账簿只是财务部门的内部文件的话（总经理不会去看各类总分账），那么财务分析就是企业财务人员与管理层之间沟通的桥梁，他们通过财务分析进行对话。

1. 财务分析是企业财务管理的重要环节

企业财务分析是企业利用财务业务、会计统计、市场等信息资料，采用科学的分析方法，对企业一定时期的财务状况、营运能力和财务成果进行分析，以全面、客观地评价企业财务活动的业绩，有效控制财务活动的运行，正确预测企业发展的未来，可以促进财务管理水平和企业经济效益的不断提高。

财务分析的意义表现在以下几个方面。

（1）财务分析是财务预测、决策与计划的基础

财务预测、决策、计划、控制和分析的循环过程构成财务管理体系。财务决策是财务管理的关键，财务计划的正确与否对财务活动的效果有着十分重要的影响，财务控制则是财务计划的实施和对财务活动过程的约束和调节。**通过分析了解过去，掌握现在，预测未来，进而进行正确的决策**。只有搞好财务分析，才能掌握经济活动的规律，确保财务预测、决策、计划和控制的准确性。

（2）财务分析是正确评价财务活动、考核财务业绩的依据

通过财力分析，不仅能把握财务活动的结果是好是坏，财务计划是否完成，经营目标的实现程度，有何值得借鉴的经验或教训，以及如何发扬成绩、矫正不足等问题，而且能分清各部门、各单位的工作成果及其对财务计划执行情况与经济效益的影响。因此，通过财务分析可以了解各部门的财务业绩，确定各部门的财务活动对整个企业财务成果的影响，划清经

济责任，并据此进行奖惩。

(3) 财务分析是挖掘内部潜力，提高经济效益的手段

开展财务分析，不仅能对现有的财务状况和财务成果进行评价，更为主要的是能借此研究财务管理中存在的薄弱环节，找到影响财务状况和财务成果的有利因素和不利因素，挖掘潜力，使有利因素进一步巩固和发展，改变不利因素产生的条件，以进一步改善管理，促进经济效益的提高。

企业定期编制的各种财务报表，虽然在一定程度上反映了企业的财务状况和经营成果，但报表只能相对静止地、孤立地反映。比如，通过损益表，可以了解企业在某个会计期的盈利额，但无法了解该企业的盈利能力，因为只有将利润额与投资额等有关指标相比较，才能反映企业的盈利能力；通过资产负债表，可以了解企业在某一时期的长、短期负债额，但资产负债表不能直接反映该企业偿还这些债务的能力；等等。可见，财务报表只能提供有关企业财务状况及经营成果的指标及数据，但报表本身不能直接揭示各相关指标及数据之间的内在联系，无法深入说明各指标和数据在财务管理决策中的真正意义。要使报表资料“活”起来，成为财务管理和决策的有用信息，还有必要将分散于各种报表中的数据有机地联系起来，加以进一步的计算、比较、判断和分析，以揭示出各相关数据间的本质关系。所以，财务分析是在财务报表的基础上进一步揭示和评价企业财务状况和经营成果的必要步骤，是企业财务管理的重要环节之一。

财务分析的目的，可概括为以下几个方面。

①考核企业一定时期的经营成果以及整体经营目标的完成情况，找出问题及其症结，以帮助管理者发现新问题并解决老问题。

②揭示和评价企业的财务状况，包括偿债能力、投资能力、获利能力等，为管理者制定财务方针和政策提供参考。

③为企业现有的及潜在的投资者进行投资提供依据。

2. 掌握财务分析的基本方法

在财务管理中，常用的财务分析基本方法有以下几种。

(1) 单一分析法

单一分析法是根据报告期的单一数值，来判断企业经营及财务状况好

坏的一种方法。**采用单一分析法的判断标准一般来自分析者的经验和财务分析基础知识。**

（2）比较分析法

比较分析法是通过主要项目或指标数值变化的对比、确定的差异来分析和判断企业经营及财务状况的一种方法。比较分析的方法一般有与计划数相比较、与上一期数相比较、与历史最好水平相比较、与国内外同行业先进水平相比较、同主要竞争对手情况相比较等。

（3）框图分析法

框图分析法是将企业的实际完成情况和历史水平、计划数等用框图形式直观地反映出来，以说明变化情况的一种方法。

（4）因素替换法

因素替换法是通过对决定某一指标各因素的逐个替换，来说明因素指标的变动对分析指标的影响程度的一种方法。**该方法常用于同指标计划数值的比较和指标的变动预测与变动影响分析。**

（5）假设分析法

在比较分析的基础上，确定某项指标的最高水平数值，然后假设在该指标达到最高水平的情况下，企业的经营及财务状况将会发生什么变化。在这种假设情况下，进一步分析其他各个影响因素要达到什么水平，才能使企业现有潜力能较充分地发挥。

3. 财务分析指标与财务分析步骤

（1）明确财务分析的具体指标

进行财务分析必须有的放矢，具体分析指标可归纳为以下三大类。

①绝对值指标。它是指通过数额绝对值的变化就能说明一定问题的指标，如企业净资产、实现利润等指标。绝对值指标主要反映指标的增减变化。

②百分比指标。百分比指标一般反映指标绝对值增减变化的幅度或所占的比重，如固定资产增长率、流动资产率等指标。

③比率指标。比率指标一般揭示各项目之间的对比关系，如流动比

率、经营安全系数等。

(2) 严格遵循财务分析的一般步骤

财务分析的内容是非常广泛的。不同的人、不同的目的、不同的数据范围应采用不同的方法。**财务分析不是一种有固定程序的工作，不存在唯一的通用分析程序，而是一个研究和探索过程。**

分析的具体步骤，是根据分析目的、一般分析方法和特定分析对象，由分析人员个别设计的。

财务分析一般步骤如下：

- 明确分析的目的；
- 收集有关的信息；
- 根据分析目的把整体的各个部分分割开来，予以适当安排，使之符合需要；
- 深入研究各部分的特殊本质；
- 进一步研究各个部分的联系；
- 解释结果，提供对决策有帮助的信息。

4. 企业财富的快照：资产负债表

在企业的会计报表体系中，资产负债表（*Balance Sheet*）是指在静态基础上反映企业在某一个特定时点上（一般为月末、季末或年末）其财务状况的报表。它根据“资产 = 负债 + 所有者权益”的会计平衡基本公式，依照一定的分类标准和一定的排列顺序，将企业在某一日期的资产、负债及资本等实质账户的余额加以适当列示编制而成。

资产负债表所提供的会计信息非常重要，它能使企业的经营者和社会上的投资者、债权人以及政府的税收和证券管理等部门了解企业所掌握的经济资源、所承担的长短期债务、投资者所持有的权益等情况，有助于人们分析企业的变现能力、偿债能力以及财务状况的发展趋向。

企业财务管理的基本目的，就是要管理好三大块内容：企业的资产、企业的负债和企业的所有者权益。**作为不是股份公司的企业，所有者权益就是业主的权益。**换句话说，所有者权益就是从企业的全部资产中减去负债。所以，资产负债表能够简明地反映企业的基本财务状况。下面我们给出一个企业简单的资产负债表（见表4-1）。

表4-1　　某企业资产负债表

2012年12月31日　　单位：千元

项　目	年初数	期末数
资产		
流动资产	300	350
长期投资	25	25
固定资产	400	500
无形资产	25	25
其他资产	100	100
资产总计	850	1 000
负债及所有者权益		
流动负债	50	100
长期负债	200	250
所有者权益	600	650
负债及所有者权益总计	850	1 000

资产负债表中的资产方，首先是流动资产，指在一年内可转换成现金的资产。在流动资产项目下，依其流动性先后排列为：现金、可买卖证券、应收款、库存等。

资产方中的投资，是指长期投资，一般在1年以上，主要包括股票、债券等。

固定资产，包括厂房、设备等。**它是以原始成本即最初的买价计算的，然后减去累计折旧。**

负债，表示企业在金融财务上的责任。它包括短期债务即流动负债和长期债务。前者是在一年内到期的债务，后者是一年以上到期的债务。

短期债务项目下，可包括应付款、应付票据，应计费用等。应付款，一般是指应付给供应商的款项。应付票据，是指应付给银行或其他贷款人的短期借款。应计费用，是指应支付还没有支付给其他人的款项，比如员工的工资、税金等。用全部的资产减去全部的负债，剩下的就是所有者权益。对于企业的业主来说，所有者权益，实际就是他个人的财产权利；对于股份公司来说，所有者权益就是全部股东的产权。

需要注意的是：第一，资产负债表只表现公司在一个时点上的情况。比如，上表中的年初数就是截至上年末即本年初的资产负债数据，而期末数则是企业在 2012 年 12 月 31 日这一时点上资产负债情况。**它一般不能表示一段时间内企业的交易活动。**

第二，资产负债表中各个项目是用原始成本计算的，也就是说它们不是用现在的价格来计算的。这样，它就与资产和负债现在的市场价格不符，特别是在通货膨胀期间，这种差距就格外大。这两点，是资产负债表的最大缺陷。

5. 熟读损益表，盈亏心中有数

与资产负债表处于同等重要地位的另一张会计报表是损益表（Income Statement），又称“利润（收益）表”或“损益计算书”，这是一张在动态基础上反映企业在某一个时段内（一般为一个月、一季度或一年）生产成果和经营业绩的报表。它依照将同一会计期间发生的收入和费用（成本）相配比的会计原则，按一定的上下排列次序，根据企业各收入费用账户的期末余额及试算表的结果编制而成。损益表的重要意义在于：通过列示企业的营业收入和营业外收入、成本耗费以及各项费用开支等情况来全面反映投入与产出的比例关系。**它是人们考察投入企业的资本是否保持完整以及判断企业盈利能力大小或经营效益好坏的主要依据。**

如果你投入 10 000 元钱做一笔生意，那么，你平时可以不计算这笔生意到底赚了多少，而可以在这笔生意结束时，再来算出你从这笔生意中获得的总收入，然后减去你在做这笔生意的过程中所花费的总钱数即总成本，剩下来的就是你做这笔生意所赚到的利润。然而，对于一个企业来说，这样做是不行的。因为，一个企业不是只做一次生意，它可以存续几年、几十年，甚至几百年，显然，你不可能在数年或数十年以后企业解散时，才来计算企业到底盈利了多少。因为，企业主本人以及各方利益相关者甚至包括政府，都要求知道企业在发展过程中的定期经营成果。所以，该报告至少 1 年要提供一份，有时每季或每月都需要提供一份损益报告表。**企业可以根据自己的需要，编制月度、季度或年度损益报告表。**

损益表，是根据“收入－费用＝利润”的平衡关系原则来编制的。具体说就是把企业在一定会计期间内的所有收入（包括营业收入、投资收入、营业外收入等）加总，并按收入与费用配比的原则，来计算企业在该会计期间的利润或亏损。损益表不仅仅列明了收入与费用的详细项目，更为重要的是，它揭示了构成净利润的各要素之间的内在关系及对净利润的影响。所以，从损益表中的数据，你可以清楚地了解企业在该会计期间的全部经营成果情况：是盈还是亏，盈了或亏了多少，收入的大头来自何方，哪些费用太多了，是怎样盈或亏的，等等。

按照收入和费用在表中列示的方法不同，损益表分为单步式和多步式两种。

(1) 单步式损益表

单步式损益表，是将所有收入和所有费用分别相加，然后再将两个相加的总和相减，便得出净利润。所以，在单步式损益表中，首先列出当期的所有收入项目，然后再列出所有费用项目，最后两者相减，来得出净利润（见表4-2）。

表4-2 **单步式损益表**

2011年12月 单位：元

项目	本月数	本年累计数
一、收入		
营业收入	500 000	4 000 000
投资收益	100 000	800 000
营业外收入	50 000	50 000
收入合计	650 000	4 850 000
二、费用		
营业成本	300 000	2 400 000
营业税金	85 000	680 000
销售费用	50 000	200 000
管理费用	60 000	400 000
财务费用		50 000
营业外支出		
所得税	46 500	336 000
费用合计	541 500	4 066 000
三、净利润	108 500	784 000

在单步式损益表中，如果有非常项目，则应单独给予反映。这就要分两步来做。第一步，将非常项目前面的收入合计起来，减去非常项目前面的费用合计，得出非常项目前的净利润。第二步，将非常项目前的净利润减去非常项目损失，得出净利润。

单步式损益表的优点，是比较直观、简单明了。其缺点是没有能够反映出各类收入与费用之间的相互关系，无法揭示出各构成要素之间的内在联系，不便于报表的使用者对企业经营情况进行分析，也不利于与其他企业进行比较分析。**但是，对于有些经营业务简单的企业来说，单步式损益表可能更适用些。**

（2）多步式损益表

多步式损益表，是将损益表上的收入和费用加以分类，在从营业收入到净利润的计算过程中，经过营业毛利润、营业净利润、利润总额等几次中间性计算后，得出的损益表。

在多步式损益表中，净利润的计算过程通常分为以下几个步骤：

- 从营业收入出发，减去营业成本、营业税金，得出营业毛利润；
- 从营业毛利润中减去销售费用、管理费用、财务费用等，得出营业净利润；
- 在营业净利润上加上投资收益、营业外收入，再减去营业外支出、非常损失等，得出利润总额；
- 在利润总额上加上或减去以前年度的损益调整数，减去所得税，即可得出该会计期间企业全部的净利润。

多步式损益表的例子如下表（见表4－3）：

表4－3　　多步式损益表

2011年12月　　单位：元

项目	本月数	本年累计数
一、营业收入	500 000	4 000 000
减：营业成本	300 000	2 400 000
营业税金	85 000	680 000
二、营业毛利润	115 000	920 000

表4－3（续）

项目	本月数	本年累计数
减：销售费用	50 000	200 000
管理费用	60 000	400 000
财务费用		50 000
三、营业净利润	5 000	2 700 000
加：投资净收益	100 000	800 000
营业外收入	50 000	50 000
减：营业外支出		
非常净损失		
四、利润总额	155 000	1 120 000
加：以前年度损益调整		
减：所得税	46 500	336 000
五、净利润	108 500	784 000

多步损益表的优点主要是，通过列示中间性收入和费用及利润的指标，来分步反映净利润的计算过程，可以准确地揭示净利润各构成要素之间的内在联系，从而，为使用者提供了比单步式损益表更为丰富的财务信息，以便对企业进行经营好坏及盈利能力的分析，同时也能够满足其他相关利益者，如税收部门、投资者、银行等，对了解企业财务信息的要求。这种格式的损益表在我国运用得十分普遍。我国工商业会计制度要求企业编制多步式损益表。

二、掌握财务分析的基本方法

1. 通过财务状况变动表透视企业全貌

财务状况变动表，又称资金来源和运用表，它是根据企业一定时期内各种资产、负债和所有者权益等各项目的增减变动情况而编制的会计报表，用以反映和分析资金的取得来源和资金流出的用途。

我们知道，资产负债表是反映特定日期财务状况的报表。如果想了解财务状况在一个时期内的变化情况，虽然可以通过对比前后资产负债表来解决，但是，这只能看到变化的净结果，无法说明变化的原因。损益表虽然可以反映企业财务状况的变动，但它只是侧重于企业经营活动所引起的变化，而对其他财务活动没有反映。这就在客观上需要编制一张专门反映企业的全部财务状况变动原因和结果的报表，即财务状况变动表（见表4－4）。

表4－4　　　　财务状况变动表

2011年　　　　单位：元

流动资金来源和运用	行次	金额	流动资金各项目的变动	行次	金额
一、流动资金来源			一、流动资产本年增加数：		
1. 本年净利润	1	268 836	1. 货币资金	41	11 000
加：不减少流动资金的费用和损失：			2. 短期投资	42	－5 000
(1) 固定资产折旧	2	59 000	3. 应收票据	43	2 010
(2) 无形资产、递延资产及其他资产摊销（减其他负债转销售）	3	3 400	4. 应收账款净额	44	24 057
(3) 固定资产盘亏（减盘盈）	4		5. 预付账款	45	1 500
(4) 清理固定资产（减收益）	5	－5 440	6. 应收补贴款	46	
(5) 递延税款	6		7. 其他应收款	47	4 800
(6) 其他不减少流动资金的费用和损失	7		8. 存货	48	34 000
小　计	12	325 796	9. 待摊费用	49	5 000
2. 其他来源：			10. 待处理流动资产净损失	50	100
(1) 固定资产清理收入（减清理费用）	13	19 440	11. 一年内到期的长期债券投资	51	1 000
(2) 增加长期负债	14	16 500	12. 其他流动资产	52	300
(3) 收回长期投资	15	5 000			
(4) 对外投资转出固定资产	16				
(5) 对外投资转出无形资产	17				
(6) 无调出固定资产净损失	18				
(7) 资本净增加额	19	137 936			
小　计	22	179 376			
流动资金来源合计	23	505 172	流动资产增加净额	55	70 257
二、流动资金运用：			二、流动负债一年增加数：		
1. 利润分配			1. 短期借款	56	23 400
(1) 提取盈余公积	24	137 936	2. 应付票据	57	2 000
(2) 应付利润	25	126 700	3. 应付账款	58	－12 500
(3) 应交特种基金	26		4. 预收账款	59	1 400
(4) 转作奖金的利润	27		5. 其他应付款	60	450
(5) 归还借款的利润	28	4 200	6. 应付工资	61	－11 070
(6) 单项留用的利润	29		7. 应付福利费	62	－1 000
			8. 未交利润	65	－8 000
			9. 未付利润	65	52 380
小　计	32	268 836	10. 其他未交款	66	360
			11. 预提费用	67	1 169
2. 其他运用：			12. 一年内到期的长期负债	68	1 500
(1) 固定资产和在建工程净增加额	33	46 000	13. 其他流动负债	69	
(2) 增加无形资产、递延资产及其他资产	34				
(3) 偿还长期负债	35	34 000			
(4) 增加长期投资	36	138 168			
小　计	38	216 168			
流动资金运用合计	39	485 004	流动负债增加净额	74	50 089
流动资金增加净额	40	20 168	流动资金增加净额	75	20 168

从一定意义上讲，财务状况变动表，是沟通资产负债表和损益表的桥梁。企业发生的有些业务，在损益表和资产负债表上反映列出的，仅是为计算经营成果和资产、负债及所有者权益而提供的净值，但不能把这些财务信息联系起来。例如，一台原值30 000元的固定资产，企业已提折旧费26 000元，然后将该固定资产的残值变现收入为3 000元，损失1 000元。这些财务信息，在损益表上表现为营业支出增加1 000元。在资产负债表上表现为固定资产原值减少3 000元，累计折旧减少26 000元，固定资产净值减少4 000元，货币资金增加3 000元。可见，损益表中，看不出营业外支出是由什么原因引起的。同样，在资产负债表中，也看不出企业经营中的业务关系及其过程，而只能看到变动后的余额。

总之，企业的老板如果花点时间，把企业的财务状况变动表读懂，就可以对企业在该年度的资金运作和企业经营全貌一目了然了，且可以知道资金都是从什么地方取得的，用到哪里去了，并通过对年末年初的比较，对资金增减变动情况的分析，来判断企业经营的好坏状况。

2. 做好现金流量表，玩转手中的钱

资产负债表和损益表，都是根据一条重要的会计法则即应计法来记账的，也就是说，所有的收入和支出都是在交易发生时记账，并不一定要有现金转手发生。例如，2010年12月一笔赊账销售10 000元，尽管这笔钱你要等到2011年3月才能拿到手，但是，这笔钱要记入2010年的收入，到2011年3月你拿到钱时，就不再记作收入了。这样做的好处，是收入与支出发生时的平衡，可以适当地计算同期的利润。但问题是，它忽略了真正的现金流通情况。在现实中，很多发展很快的企业，虽然账面上收支是平衡的，但有时会发不出工资来，这就是现金流通不畅的问题。而现金流量表可以真实地反映这种情况。

现金流量表是以现金的流入和流出反映企业在一定期间内的经营活动、投资活动和筹资活动的动态情况，它反映了企业现金流入和流出的全貌。

现金流量表通常将企业一定期间内产生的现金流量归为经营活动产生的现金流量、投资活动产生的现金流量和筹资活动产生的现金流量三类。

现金流量表能提供企业一定会计期间现金和现金等价物的流入和流出信息，可用以评价企业获取现金和现金等价物的能力。具体来说，通常认为现金流量表具有以下几点作用：

- 能够说明企业一定期间内现金流入和流出的原因。
- 能够说明企业的偿债能力和支付股利的能力。
- 能够分析企业未来获取现金的能力。

现金流量表的这些作用，是财务状况变动表难以企及的，所以，目前它大有取代财务状况变动表的趋势。

现金流量表的编制有两种方法：直接法和间接法。两种方法编制的结果是一样的，但报表所反映的重点、突出的信息有所不同。国际会计准则要求企业采取直接法，但同时也允许采用间接法。我国的会计准则也提供了这两种编制格式。

直接法，是指在计算经营活动产生的现金净流量时，先计算经营活动引起的现金流入，然后再计算经营活动引起的现金流出，最后，把两者相减，得出经营活动的现金净流量。这也就是以收付实现制为基础算出的收入、支出和余额。

直接法的优点，是详细列明了经营活动产生的各项现金收入的来源与支出的去向。这些信息，将有助于预测未来经营活动所产生的现金流量，对分析企业的偿债能力、投资能力、分配利润的能力都有所帮助。

用直接法编制的现金流量表，其格式可参见我国现金流量表准则提供的标准格式（略）。

间接法，是指在计算经营活动产生的现金净流量时，不是直接计算经营活动引起的现金流入与现金流出来得出现金净流量，而是在权责发生制下对计算出的净损益进行调整，从而得出现金净流量。

间接法的优点，主要是以净利润为计算起点，通过对现金项目的调整，得出由经营活动产生的现金流量。这能使投资者和债权人了解本期利润与经营活动现金流量存在差异的原因。如果要预测未来经营活动的现金流量，那么可以先预测未来的净利润，再调整净利润现金流量之间的差异。它的主要缺点，是无法获知经营活动现金流入的来源与现金流出的去向。

用间接法编制的现金流量表，其格式可参见我国现金流量表准则提供

的标准格式。

3. 如何正确分析短期偿债能力

短期偿债能力就是指企业流动资产对流动负债及时足额偿还的保证程度。其主要衡量指标包括流动比率、速动比率和现金比率。

(1) 流动比率

流动比率就是指流动资产与流动负债的比值，公式为：

$$流动比率 = \frac{流动资产}{流动负债}$$

企业短期偿债不可能用变卖长期资产或增筹长期负债来解决，因此实际上主要依靠现金、应收账款、存货等流动资产，流动资产越多或短期债务越少，则偿债能力越强。通常，流动比率应为 2，这样即使未来部分流动资产的变现受到阻碍，企业也有余地保证短期债务如期偿还。此外，流动比率是一个相对数指标，而营运资金（即流动资产 - 流动负债）是绝对数，后者不便于不同规模企业间及不同时期的比较。

流动比率在具体运用时应特别注意以下问题。

①虽然流动比率越高说明短期偿还债务的能力越强，但是不等于有足够的现金来偿债，也许流动比率升高的原因是应收账款增多或过期存货的积压、待摊费用的增加。因此还需进一步考察现金流量。

②在债权人看来流动比率越高越好，但作为企业经营者来说，过多的现金虽增加了资产的流动性但降低了资产的获利能力。另一方面将比较多的长期资金用于流动资产虽能增加流动比率，但显然提高了企业的综合资金成本。

③流动比率是否合理，不同行业及同一企业不同时期的评价标准是不同的，不应该用单一的标准来评价。

一般情况下，流动比率越高，反映企业短期偿债能力越强，债权人的权益越有保证。按照西方企业的长期经验，一般认为 2∶1 的比例比较适宜。**它表明企业财务状况稳定可靠，除了满足日常生产经营的流动资金需要外，还有足够的财力偿付到期短期债务**。如果比例过低，则表示企业可能捉襟见肘，难以如期偿还债务。但是，流动比率也不可能过高，过高则表明企业流动资金占用较多，会影响资金的使用效率和企业的筹资成本，进而影响获利能力。

例如，公司流动资产 240 000 元，流动负债 160 000 元，求流动比率并分析。

流动比率 = （240 000 ÷ 160 000） ×100% = 1. 5

流动比率是 1. 5，意味着企业流动资产是流动负债的 1. 5 倍。对每一元的流动负债，公司都有 1. 5 元的流动资产为其做保障。

（2） 速动比率

速动比率是指企业速动资产与流动负债的比率。所谓速动资产，是指流动资产减去变现能力较弱且不稳定的存货、待摊费用、待处理流动资产损失等后的余额。**我们也可把速动比率看作流动比率的一种特殊情况。**

由于速动资产剔除了存货等变现能力较弱且不稳定的资产，速动比率比流动比率更能客观、准确、可靠地反映企业的短期偿债能力。

其计算公式为：

速动比率 = （速动资产 ÷ 流动负债） ×100%

在分析时需注意的是：尽管速动比率较之流动比率更能反映出流动负债偿还的安全性和稳定性，但并不能认为速动比率较低的企业的流动负债到期绝对不能偿还。实际上，如果企业存货流转顺畅，变现能力较强，即使速动比率较低，只要流动比率高，企业仍然有望偿还到期的债务本息。

例 公司有速动资产 120 000 元，流动负债 133 000 元，求速动比率。

速动比率 = （120 000 ÷ 133 000） ×100% = 0. 9

例 鑫欣企业 2013 年末资产负债表部分数据见表 4 – 5。

表 4 – 5 **鑫欣企业 2013 年末资产负债表** 单位：万元

项　　目	速动资产	流动资金	速动比率
2013 年初	1 580	840	1. 88
2013 年末	1 351	5 096	0. 27
差　　异	– 229	+ 4 256	– 1. 61

从表4－5中可看出，企业2013年末较年初速动比率下降了1.61，表明企业财务风险呈上升趋势；而年末速动比率只有0.27这一事实，表明只有相当于流动负债1/3的速动资产作为偿付保证风险很大。

一般认为正常的速动比率为1，低于1的速动比率被认为是短期偿债能力偏低。但这是一般的看法，事实上由于行业的不同及企业本身存货流转速度这两个因素，会使同样的比率值有不同的变现力。比如，企业存货销售好、变现力强，即使速动比率较低，只要流动比率高，企业仍可偿还到期的债务本息。再如，采用大量销售使用现金的商业企业，几乎无应收款，即使低于1的速动比率也很正常。反之，一些应收款项较多的企业，速动比率可能要大于1。

应收账款的变现能力是影响速动比率可信性的重要因素。账面上的应收账款不一定都能变成现金，事实上的坏账也可能比计提的多。所以，外部使用人应预先做出估算才能做出正确判断。

（3）现金比率

现金比率是企业的现金类资产流动负债的比率。**所谓现金类资产包括企业拥有的货币资金和持有的有价证券。**

通常，我们认为速动资产扣除应收账款的余额即为现金类资产。这是因为应收账款存在不能按时收回的可能，所以把应收账款这一项目排除掉，现金比率就更能直接反映企业偿付流动负债的能力。

其计算公式为：

$$现金比率=\frac{（现金+有价证券）}{流动负债}\times 100\%$$

例　公司有速动资产120 000元，包括应收账款50 000元，流动负债140 000元，求现金比率。

现金比率＝〔（120 000－50 000）÷140 000〕×100%

从企业经营角度看，现金比率较高，最能反映企业短期偿债能力。但现金比率也不能过高，企业不可能，也无必要保留过多的现金类资产。这一比率过高，意味着企业流动负债未得到充分利用，存在资金闲置的情况。

4. 怎样正确分析长期偿债能力

分析一个企业的长期偿债能力，主要从偿还债务本金及利息的能力方面分析入手。主要包括：资产负债率、产权比率、已获利息倍数、有形净值债权率。

（1）已获利息倍数

已获利息倍数又叫利息保障倍数，是指企业未付利息费用和所得税费之间的利润与利息费用的比率。**它反映企业利润额对债务偿付的保证程度。**

其计算公式为：

$$利息保障倍数 = \frac{(税前利润 + 利息费用)}{利息费用} \times 100\%$$

从长期看，若要维持企业基本的偿债能力，利息保障倍数至少应大于1，企业的利息保障倍数越大，企业的长期偿付能力一般也就越强。

例　盈利公司本年息税前利润为350 000元，财务费用中利息费用为50 000元，求利息保障倍数。

利息保障倍数 =（350 000 ÷ 50 000）×100% = 7

（2）资产负债率

资产负债率是指企业负债总额与资产总额的比率。

该比率表明企业中由债权人提供的资金来源占资金总来源的比重。这一比重越小，企业资产对债权人权益的保障程度也就越高，企业的长期偿债能力也就越强。

其计算公式为：

资产负债率 =（负债总额 ÷ 资产总额）×100%

例　公司资产总额为6 000 000元，负债总额为1 200 000元，求公司的资产负债率。

资产负债率 =（1 200 000 ÷ 6 000 000）×100% = 0.2

如果此项比率较大，从企业所有者来说，利用较少量的自有资金投资，形成较多的生产经营用资产，不仅扩大了生产经营规模，而且在经营状况良好的情况下，还可以利用财务杠杆作用，得到较多的投资利润。**但如这一比率过大，则表明企业的债务负担重，企业资金实力不强，不仅对债权人不利，而且企业有濒临倒闭的危险。**

又例如，桂竹公司2000年底资产负债表有关数据见表4－6。

表4－6　　桂竹公司2000年资产负债表　　单位：万元

项　目	负债总额	资产总额	资产负债率
2000年初	2 000	4 000	50%
2000年末	4 000	6 000	66.67%
差　异	+2 000	+2 000	+16.67%

从表4－6中可看出，单就年初年末的资产负债率来看，此企业还是具备长期偿债能力的，因为每1元大致有1.5～2元的资产价值作为偿还的保障。但从年初年末资产负债率的变动趋势来看，此企业的长期偿债能力存在下降趋势：资产负债率由年初的50%上升到年末的66.67%，企业资产的偿债压力增大。

因为资产负债率反映债权人所提供的资本占全部资本的比例，这个指标也叫做举债信誉的比率。它有以下几方面含义。

①债权人考察此指标是从能否按期收回本金和利息的角度出发的。若股东提供的资本过小，则企业的风险主要由债权人负担，于债权人不利。所以，作为债权人总希望该指标比例越低越好，企业偿债有保证，贷款风险较小。

②股东考察此指标是从借入资本所付出的代价是否低于全部资本利润率的角度出发的。在企业所得到的所有资本利润超过由于借款而支付的利息率时，股东所得到的利润会增大。否则的话，借入资金的利息要用股东利润来弥补。所以从股东的角度来看，只有在所有资本利润率高于借款利息率时，负债比例越大越好，当然随着债务增加，财务风险也会相应增大，风险与收益总是同时存在的。

③从企业经营决策者的立场看，不举债经营意味着对企业前途信心不

足，举债太少甚至被认为活动能力差。借款比率越大，越显得企业活力充沛（当然不能盲目借款）。

(3) 产权比率

产权比率是指企业的负债总额与所有者权益的比率。它反映了企业的所有者权益对债权人权益的保障程度。运用这一比率可以评价企业财务结构是否稳健合理。

其计算公式为：

产权比率 =（负债总额 ÷ 所有者权益）×100%

这一比率越低，表明企业的长期偿债能力越强，债权人将资金借给企业时承担的风险越小。

例 公司资产总额为 6 000 000 元，负债总额为1 200 000元，求产权比率。

产权比率 =〔1 200 000 ÷（6 000 000 – 1 200 000)〕
×100%
=0. 25

例 华茂公司 2000 年末资产负债表见表 4 – 7。

表 4 – 7 **华茂公司 2000 年资产负债表** 单位：万元

项目④	负债总额	所有者权益	产权比率
2000 年初	2 000	2 000	100%
2000 年末	4 000	2 000	200%
差　　异	+2 000	+0	+100%

从表 4 – 7 可看出，甲企业 2000 年的产权比率在 100% 以上，其中年末竟高达 200%，说明此企业偿债能力有严重下降的趋势。造成这一状况的主要原因是，在负债总额增长一倍的同时，所有者权益没有得到相应的提高，仍维持原有规模。产权比率与资产负债率对评价企业偿债能力的作用大致相同，主要区别是：资产负债率侧重于分析债务偿付安全性的物质保障程度，产权比率侧重于揭示财务结构的稳健程度及所有者权益对偿债

风险的承受能力。

从股东来看，通货膨胀时期多借债可把损失和风险转移给债权人；在经济繁荣时期，多借债可获得额外利润；在经济萎缩时期，少借债可减少利息负担和财务风险。**产权比率高，属高风险、高报酬的财务结构；产权比率低，属低风险、低报酬的财务结构。**

按照国际惯例，无论是在正常经营还是在企业破产清算的情况下，债权人对剩余财产的索偿权总是优先于所有者分配。所以，所有者权益所占比重越大，也就是产权比率越低，偿还债务的资本保障越大，债权人遭受风险损失的可能性就越小，反之亦然。当然产权比率过低，尽管便于企业长期偿债能力的提高，但不能充分发挥负债的财务杠杆效应。因此应该在保障债务偿还安全性的前提下，力求提高产权比率。

(4) 有形净值债务率

在企业资产总额中，有一些项目，如待摊费用、待处理财产损失、无形资产等，其本身并无直接的变现能力，通俗地说，就是不能变成现钱。把这些项目放在资产负债率中一并考虑就必然降低这一比率的可靠性。因此，我们在资产总额中减去无形资产、待摊费用、待处理财产损失等项目，提出有形资产负债率这一概念。

其计算公式为：

有形资产负债率 =（负债总额 ÷ 有形资产总额）×100%

有形资产总额 = 资产总额 −（无形资产及递延资产 + 待摊费用 + 待处理财产损失）

有形资产负债率比资产负债率更能稳健地反映企业的长期偿债能力。

与有形资产负债率相似，净资产中也有一些项目变现力较差，如无形资产等。所以，有形净值是所有者权益扣除无形资产后的余额。有形净值负债率的计算公式为：

有形净值债务率 =（负债总额 ÷ 有形净值总额）×100%

有形净值 = 所有者权益（净资产）− 无形资产

例　才生公司 2000 年度末无形资产净值为 8 万，负债总额为 1 413，股东权益为 1 253，则有形净值债务率 = [1 413 ÷（1 253 − 8）] ×100%

=113.49%。

有形净值债务率指标实质上是产权比率指标的变形形式，是谨慎的原则在偿债能力中的体现。从长期偿债能力出发，此比率应是越低越好。

5. 资金周转状况分析的常用方法

（1）存货周转率

存货周转率是一定时期企业销售成本与存货平均资金占用额的比率。**它反映企业的销售能力和存货流动能力，也是用于评价企业生产经营环节中存货运营效果的综合性指标。**

其计算公式为：

$$存货周转率=\frac{销货成本}{存货平均余额}$$

其中：

$$存货平均余额=\frac{期初存货+期末存货}{2}$$

存货周转率可反映以下问题。

①一般来讲，存货周转率越高越好。存货周转率越高，表明其变现的速度越快，周转额越大，资金占用水平越低。

②通过存货周转率分析，有利于找出存货管理存在的问题，尽可能降低资金占用水平。存货既不能过少，否则可能造成生产中断或销售紧张；又不能过多，否则可能形成呆滞、积压。存货一定要保持结构合理、质量可靠。

③存货是流动资产的重要组成部分，其质量和流动性对企业流动比率具有举足轻重的影响，并进而影响企业的短期偿债能力。故一定要加强存货管理，以提高其变理能力和盈利能力。

例 新泰公司存货周转率分析表见表4-8。

表 4-8　　新泰公司存货周转率　　单位：万元

项　　目	2009 年	2010 年	差　　异
销货成本	11 333	14 666	+3 333
平均存货	1 333	1 466	+133
存货周转率	8.5 次	10 次	+1.5 次
存货周转天数	42.35 次	36 天	-6.35 天

该企业 2010 年存货周转率较 2009 年加快了 1.5 次，周转天数也由 2009 年的 42.35 天缩短为 2010 年的 36 天。表明企业存货的变现速度、实现周转的能力有较大提高，这也是整体流动资产周转率指标能够提高的重要因素。

通常，存货周转速度越快，存货的占用水平越低，流动性越强，存货转换为现金或应收账款的速度就越快。**提高存货周转率可提高企业的变现能力，存货周转速度越慢则变现能力越差。**所以，通过存货分析，便于找出存货管理中存在的问题，以求降低资金占用水平，提高存货的变现能力和获利能力。

（2）应收账款周转率

应收账款周转率是反映应收账款周转速度的指标。它是一定时期内商品或产品赊销收入净额与应收账款平均余额的比值。

其计算公式为：

$$应收账款周转率=\frac{赊销收入净额}{应收账款平均余额}$$

其中：

$$赊销收入净额=销售收入-现销收入-销售折扣与折让$$

$$应收账款平均余额=\frac{(期初应收账款+期末应收账款)}{2}$$

$$应收账款周转天数=\frac{360}{应收账款周转率}$$

$$=\frac{平均应收账款\times 360}{销售收入}$$

上式中的“销售收入”来自损益表中的销售净额。“平均应收账款”

指包括坏账准备金在内的应收账款毛额，它是资产负债表中“期初应收账款余额”和“期末应收账款余额”的平均数。公式中之所以采用销售收入而不采用赊销额的原因在于：财务报表的外部使用人无法取得赊销额的数据，即使是企业内部人员，因赊销发生的时间不同也不易掌握，所以把“现金销售”视为收账时间为零的赊销也是可以的。**只要保持历史一贯性，使用赊销净额来计算此指标通常不影响其分析和利用价值**。所以，在实务中大多采用“销售收入”来计算应收账款周转率。

应收账款周转率高表明：

- 收账迅速，账龄较短；
- 资产流动性中，短期偿债能力强；
- 可以减少收账费用和坏账损失，从而相对增加企业流动资产的投资收益；
- 借助应收账款周转期与企业信用期限的比较，还可以评价购买单位的信用程度，以及企业原订的信用条件是否适当。

利用上述公式计算应收账款周转率时，需要注意以下几个问题：

①公式中的应收账款包括会计核算中的应收账款和应收票据等全部赊销账款在内，金额应为扣除坏账准备后的净额。

②如果应收账款余额的波动性较大，应尽可能使用更详尽的计算资料，如按每月的应收账款余额来计算其平均占用额。

③分子、分母的数据应注意时间的对应性。

例　桂竹公司应收账款周转率分析见表4－9。

从表4－9可看出，甲企业2000年应收账款周转率比1999年加快2次，平均收款期从1999年的36天（360÷10）缩短为2000年的30天（360÷12），从而提高了应收账款的变现能力，减少了坏账损失和收账费用。

表4－9　　**桂竹公司应收账款周转率表**　　单位：万元

项　　目	1999年	2000年	差　　异
销售收入	10 666	14 400	+3 734
平均应收账款	1 066.6	1 200	+133.4
应收账款周转率	10次	12次	+2次
应收账款周转天数	36天	30天	-6天

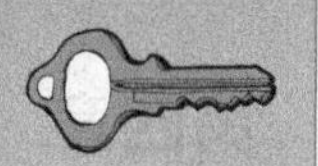

通常，应收账款周转率越高，平均收账期越短，说明应收款的回收越快。否则，企业的营运资金会过多地呆滞在应收账款上，影响正常的资金周转。**同时，借助应收账款周转天数与企业信用期限的对比，可更好地评价客户的信用程度。**上述指标反映企业运用资产效果的最主要指标，另外，还有以下两个常见的资产管理比率，即流动资产周转率和总资产周转率。

（3）总资产周转率

企业的总资产营运能力集中反映在总资产上的销售水平就是其周转率方面。总资产周转率是指销售收入净额与平均资产总额的比值。公式为：

$$总资产周转率=\frac{销售收入净额}{平均资产总额}$$

总资产周转率也可以用周转天数表示，公式为：

$$总资产周转天数=\frac{360}{总资产周转率}$$

$$=\frac{360\times 平均总资产}{销售收入净额}$$

这项指标反映资产总额的周转速度。周转越快，销售能力越强。**企业可通过薄利多销的办法，加速资产的周转，带来利润额的增加。**

例 桂竹公司总资产周转率分析见表 4－10。

表 4－10 **桂竹公司总资产周转率** 单位：万元

项　　目	2009 年	2010 年	差　　异
销售收入净额	13 333	20 000	+6 667
平均总资产	4 000	4 761	+761
总资产周转率	3.33 次	4.2 次	+0.87 次
总资产周转天数	108 天	86 天	−22 天

可见，此企业 2010 年总资产周转率较 2009 年加快 0.87 次，平均周转天数也由 2009 年的 108 天（360÷3.33）缩短为 2010 年的 86 天（360÷4.2）。表明企业资产的总体流动性、周转速度有所提高。

(4) 流动资产周转率

流动资产周转率是反映企业流动资产周转速度的指标。它是销售收入净额与流动资产平均占用额之间的比率。

其计算公式为：

$$流动资产周转率=\frac{销售收入净额}{流动资产平均占用额}\times 100\%$$

$$其中，流动资产平均占用额=\frac{初期流动资产+期末流动资产}{2}$$

流动资产周转率越高，说明企业的流动资产周转得越快，流动资产利用效果越好。企业完成一定量的销售收入占用的流动资产越少，说明流动资产的利用效率越高；同样数量的流动资产实现的销售收入越多，也说明企业流动资产的利用效率越高。相反，流动资产周转下降，说明企业流动资产的利用效果下降；流动资产周转率越低，企业流动资产的利用效果越差。

上式表明，增加销售收入，降低流动资产资金占用是提高流动资产周转速度的有效途径。**增加销售收入，就要在提高产品质量和功能的同时提高产品售价，扩大市场销售数量**。降低流动资产占用，就要加速流动资产各项的周转，减少存货、应收账款等的资金占用。

例 德胜公司年初流动资产为 1 220 万元，年末流动资产为 1 400 万元；年销售净收入 6 000 万元，则依上式计算流动资产周转率为：

$$流动资产周转率=\frac{6\ 000}{\frac{1\ 220+1\ 400}{2}}=4.58（次）$$

流动资产周转率反映流动资产的周转速度。周转速度快，会相应节约流动资产，相当于相对扩大资产投入，增强企业盈利能力；而延缓周转速度，需要扩充流动资产参加周转，导致资金浪费，降低企业盈利能力。

(5) 固定资产周转率

固定资产周转率是指企业年销售收入净额与固定资产平均净值的比率。它是反映固定资产周转状况，从而衡量固定资产利用效率的一项指标。

其计算公式为：

$$固定资产周转率=\frac{销售收入净额}{固定资产平均净值}\times 100\%$$

周转率越高，说明固定资产的利用效率越高；周转率越低，说明固定资产量过多或设备有闲置。与同行相比，如果固定资产周转率较低，意味着企业生产能力过剩；固定资产周转率较高，可能是企业设备得到较好地利用，也可能是设备老化即将折旧结束造成的。**在后一种情况下，可能会引起较高的生产成本使企业实现的利润降低，使将来更新改造更加困难。**

6. 盈利能力分析的科学方法

盈利能力的大小反映企业追求资金增值能力水平的高低，不论是股东还是债权人以及企业经理人员都非常关心和重视企业的盈利能力。

通常，企业获利能力只涉及正常情况下的经常营业状况。因非正常情况下的营业也会带来损益，但这是属于特殊状况下的个别结果，不能说明企业的能力。所以，在分析企业盈利能力时，应当排除：

- 证券买卖等非正常项目；
- 已经或将要停止的营业项目；
- 重大事故或法律更改等特别项目；
- 会计准则和财务制度变更带来的累积影响等因素。

反映企业盈利能力的指标主要包括销售收入增长率、利润增长率、销售利润率、成本利润率。

(1) 销售收入增长率

销售收入增长率反映了企业经营业务的稳定性，它是收益稳定性的基础。通常用近三年内这一指标的增长情况来说明。如果三年持续增长，说明企业经营业务的稳定性较好，企业的获利能力比较稳定。反之，如果三年连续下降或者有两年增长率为负，说明企业的经营业务不稳定，企业的获利能力也难以稳定。

在计算该指标时，以不含税的销售收入为好。因税收上缴国家，不构成企业的利润。在通货膨胀率较高时，要同产品销售收入增长率结合比较，看增长率是否超过了通货膨胀率。以销售数量的增减变化来表示，在通货膨胀率较高时期更能反映企业业务发展的真实情况。

$$销售收入增长率 = \frac{期末销售收入 - 年初销售收入}{年初销售收入} \times 100\%$$

例 某公司2011年产品销售收入为180万元，2012年销售收入为200万元，试计算销售收入增长率

销售收入增长率 = [（200－180）÷180）] ×100%

=11.1%

（2）利润增长率

实现利润是企业的最终经营成果，它反映了企业的获利能力和企业资产的增值能力，从而综合反映出企业的经营管理水平。实现利润增长率的计算公式是：

$$实现利润增长率 = \frac{上期实现利润 - 本期实现利润}{上期实现利润} \times 100\%$$

企业实现利润稳定增长，表示企业经营及财务状况改善，企业处于良性发展阶段，获利能力比较稳定。若企业实现利润降低，甚至低于正常水平(比如自有资金利润率低于银行利率)，则表示企业经营状况不佳，获利能力不稳定。如果企业的偿债能力指标也在下降，则反映企业经营形势恶化，企业进入经营危险期，必须进行诸如领导班子、产品结构等方面的重大调整。

例 某公司2011年产品销售利润27万元，2012年产品销售利润为45万元，试计算实现利润增长率。

实现利润增长率 = [（45－27）÷27] ×100%

=66.7%

（3）销售利润率

销售利润率是企业利润与销售收入的比率。其计算公式为：

销售利润率 = 利润 ÷ 销售收入 ×100%

从利润表来看，企业的利润可以分为五个层次：商品销售毛利率、商

品经营利润、营业利润、利润总额、净利润。**其中，利润总额和净利润包含非销售利润，所以更能直接反映销售获利能力。**

毛利率＝商品销售毛利÷产品销售收入×100%

商品经营利润率＝商品经营利润÷产品销售收入×100%

营业利润率＝营业利润÷产品销售收入×100%

销售利润率＝利润总额÷产品销售收入×100%

销售净利率＝净利额÷产品销售收入×100%

由于产品销售业务是企业的主营业务活动，因此，经营利润水平的高低对企业总体能力有着举足轻重的影响。同时，通过考察经营利润占整个利润总额比重的升降，可以发现企业经营理财状况的稳定性、面临的危险或可能出现的转机迹象。

（4）成本利润率

成本利润率是指利润与成本的比率。其计算公式为：

成本利润率＝利润÷成本×100%

同利润一样，成本也可以分为几个层次：销售成本、经营成本（销售成本＋销售费用＋销售税金及附加）、营业成本（经营成本＋管理费用＋财务费用＋其他业务成本）、税前成本（经营成本＋营业外支出）和税后成本（税前成本＋所得税）。

因此，反映企业成本利润关系的具体指标有如下几种：

销售成本毛利率＝商品销售毛利÷销售成本×100%

经营成本利润率＝商品经营利润÷商品经营成本×100%

营业成本利润率＝营业利润÷营业成本×100%

税前成本利润率＝利润总额÷税前成本×100%

税后成本利润率＝净利润÷税后成本×100%

综合来看，各种成本利润率是按生产、销售的各个步骤逐层计算的。对于财务分析人员来说，研究各个步骤的利润率可以查找生产销售环节的各个费用开支的情况，便于管理者找到成本管理的薄弱环节，重点突破。

7. 如何正确评价资产保值能力

正确评价资产保值能力的指标有两个：资本保值增值率、资本积累率。

(1) 资本保值增值率

净资产的增减变化是反映企业资产保值增值情况的主要指标。因为企业总资产 = 流动负债 + 长期负债 + 所有者权益，所以，净资产 = 所有者权益。

因此，企业净资产的增减也就是企业所有者权益的增减，是企业自有资本或法人财产的增减。**净资产增加说明企业资产增值，净资产减少说明企业资产流失，净资产不变说明企业实现了保值**。反映企业资产保值增值的指标是资本保值增值率，其计算公式为：

$$资本保值增值率 = \frac{期末所有者权益总额}{期初所有者权益总额} \times 100\%$$

该指标主要反映企业资本（净资产）的完整性和保全性，大于100%表明实现了增值，等于100%表示保值，小于100%表明企业的资产贬值、资本流失。但是在分析企业资产的保值增值能力时，应注意以下两点：①应以分利后企业的所有者权益数值作为比较与判断的标准；②企业资产应尽可能地反映其真实价值。

当企业发生增减资本金来调整资本结构时，资本保值增值率公式中的分母发生较大变化，各期比值之间存在一定的不可比性，需要计算单位资本的保值增值率，即：

$$单位资本保值增值率 = \frac{期末所有者权益总额/期末资产金总额}{期初所有者权益总额/期初资本金总额} \times 100\%$$

(2) 资本积累率

企业资本是由注册资本金和各项积累资金构成的，各项积累资金包括法定公积金、盈余公积金和未分配利润等。**企业每年未作为红利分配、留存的净利润，就是企业每年积累的资本金**。积累资金是资本金的缓冲，当

企业发生亏损或当期利润较少需要分利时，可动用积累资金，以保全资本金。因此，企业资本积累率是企业资本保值增值能力的重要指标。

其计算公式为：

$$资本积累率=\frac{积累资金总额}{资本金（股本）总额}\times 100\%$$

三、加强企业财务风险管理

企业的财务风险就是筹资所带来的风险。

风险是很难把握的。每个企业都会经历发展三部曲：创业——发展——负债经营以扩大发展成果，从而在市场站稳脚跟。当企业因为某项决策进行筹资时，不但要冒决策上的风险，还要兼顾财务风险。筹资一是要付利息，二是偿付资金有限期，一旦到期不能偿付本金和利息，财务风险就紧紧地扼住企业的脖颈。

但企业的财务风险是可以预测的，既然可以预测，就必定可以防范。企业可以通过对财务风险的预测和分析，通过套头筹资法、分散筹资和分散归还的方法，分散财务风险并加以防范，从而最大限度地减少财务风险最终爆发的可能。

1. 正确认识财务管理中存在的风险

在理财活动中，按风险形成原因，可把财务管理风险分为以下两大类。

（1）经营风险

经营风险是指因生产经营方面的原因给企业盈利带来不确定性。

企业经营的许多方面都会受到来源于企业外部和内部的各因素影响，具有很大的不确定性，如原材料、辅助材料、机器设备因交通、价格因素导致的供应风险；产品结构不合理、生产技术落后、产品质量不合格导致的生产风险；销售决策失误、消费需求变化、竞争加剧、推销广告不得力导致的销售风险；等等。

社会、文化、政策、法律等各种宏观和微观的环境因素都会直接或间接地影响企业正常经营活动。所有这些生产经营方面的不确定性，都会引起企业的利润或利润率的高低变化，从而给企业带来风险。

（2）财务风险

财务风险又称筹资风险，是指由于举债而给企业财务成果带来的不确定性。

企业资金来源可分为两大类：自有资金和借入资金，借入资金需还本付息。企业通过生产经营获得一笔收入，这笔收入首先要来偿付利息，即使用别人的资金所要支付的代价。取得收入是要花费一定的生产成本的，因此，企业赚取的只是收入中扣除生产成本后未付息付税的那一部分利润，即息税前利润。**如果息税前利润还不够支付利息，便要用自己的资金来付，企业便发生亏损。**若企业亏损严重，财务状况恶化，丧失了偿付能力，便会面临无法还本付息甚至招致破产的危险。

总之，正是企业息税前资金利润率和借入资金利息率的不等，才造成了企业盈利与否的不确定性，即财务风险。

2. 正确地评价风险与风险报酬率

资金的时间价值是投资者在无风险和无通货膨胀因素下进行投资所要求的报酬率。但是，企业的财务和经营管理无时无刻不处于风险之中。

但是，我们必须注意，没有绝对准确的预测。预测的时间越短，预测的准确度越高。因此，在实际决策分析中，短期财务决策一般忽略了对风险的评价。但在长期决策中，正确评价风险则是一项非常重要的工作。

在任何情况下投资者都有机会选择回报比较稳定的投资，如把钱存入银行或购买国库券，这样每年都可以几乎无风险地得到一笔回报，但这种回报是较低的。还有一些投资回报高，相应的风险也大。但高回报率使得那些以营利为目的商人把目光投在这些投资上，他们期望能够预测风险，把握风险，从而获取高额回报。

这种进行有风险的投资而要求得到的报酬就叫做风险报酬。

所谓风险报酬率，就是指投资者因冒风险进行投资而要求的超过资金时间价值的那部分额外报酬率。

如果不考虑通货膨胀的话，投资者进行投资所要求或期望的投资报酬率便是如下情况：

期望投资报酬率 = 无风险报酬率 + 风险报酬率

3. 财务风险分析的两种方法

（1）头脑风暴法

风险分析首先要感知风险，并进一步认清风险不利结果发生的原因和条件，在此基础上对风险区分类别。这个阶段的研究主要是定性的，所以专家调查方法就特别有用。

头脑风暴法是美国人奥斯本于 1953 年提出的，之后得到广泛应用。

该方法针对某一特定问题，把能够想得到的一切主意集中起来，通过一群人的交流来激发新思想的产生。

该活动可以由一个小组来进行。组长的任务是在开头确认问题阶段，引导小组就议题的可接受的解释达成一致的意见。在产生主意阶段，必须禁止批评，想法越异想天开越好，主意越多越好，鼓励把他人的想法进行改进或进行某种组合。**畅所欲言是此法成功的一个关键，所以要创造一切条件使与会者不感到有任何压力。**小组成员代表不同的部门和学科，而且在组织中具有大致相同程度的权威性是比较有利的。在解决问题阶段，允许对各种想法进行评价，以把众多的想法减少到值得深入分析的较少数目的想法。但评论的重点，在于研究有碍设想实现的问题。在质疑过程中，可能产生一些可行的设想。

（2）德尔菲法

德尔菲法是美国著名的咨询机构兰德（Rand）公司于 20 世纪 50 年代初在研究“美国遭受核袭击”风险辩论时发明的方法。

该法采用函调，分别向有关专家提出问题，而后将他们回答的意见整理、归纳，并匿名反馈给有关专家，再次征求一致的意见。该法强调三点。

①匿名性。在调查中不暴露参加者的姓名，也不知道到底有多少专家参与讨论。这样可以减少心理压力，畅所欲言，根据实际情况改变自己原来的观点，同时也不会有什么面子上的顾忌。

②可以校正反馈。参加应答的专家，可以从反馈表上得知大多数人的意见以及这些意见的理由，据此作出自己的新判断，大大减少了干扰。

③对专家答复的统计学处理。根据大家的回答提中位数和上、下四分点。**中位数可以是中间位置的数，也可以是过半数人的意见**。把专家们的估计数值从大到小排列，最大的 1/4 个数决定了上四分点，最小的 1/4 个数决定了下四分点。中位数作为小组评价意见，而两个四分点之差表示意见的一致程度，差距越小，说明意见越一致。

例如，专家们对某项风险的损失值估计：

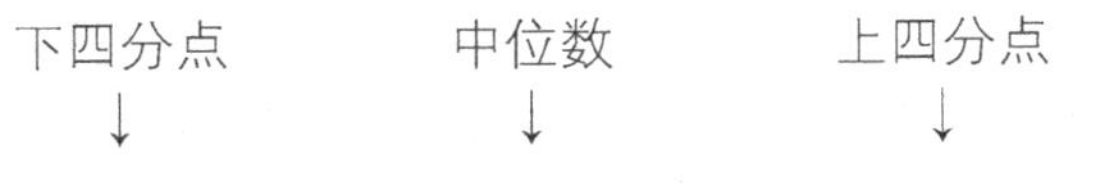

29，30，32，33，34，35，36，37，38，39，40，41，42，43，44，45

4. 理财风险的评价指标

（1）概率分布

风险客观存在，广泛影响着企业的财务和经营活动，因此，正视风险并将风险程度予以量化，进行较为准确的衡量，便成为企业财务管理中的一项重要工作。风险与概率直接相关，并由此同期望值、标准离差、标准离差率等产生联系，对风险进行评价便要着重考虑这些指标。

在现实生活中，某一事件在完全相同的条件下可能发生也可能不发生，既可能出现这种结果又可能出现那种结果，我们称这类事件为随机事件。**概率就是用百分数或小数来表示随机事件发生可能性及出现某种结果可能性大小的数值**。用 X_i 表示随机事件，X 表示随机事件的第 i 种结果，P_i 为出现该种结果的相应概率。若 X_i 出现，则 $P_i=1$；若 X_i 不出现，则 $P_i=0$。同时，所有可能结果出现的概率之和必定为 1。因此，概率必须符合下列要求：

- $0 \leqslant P_i \leqslant 1$

- $\sum_{i=1}^{n} P_i = 1$

将随机事件各种可能的结果按一定的规则进行排列，同时列出各种结果出现的相应概率，这一完整的描述称为概率分布。

（2）期望报酬、标准离差、标准离差率

①期望报酬。期望报酬就是对各种可能出现的收益结果，以各自可能出现的概率为权数计算的加权平均值。

期望报酬是各种预计收益的平均值，它是对各种不确定性因素的折中化，代表着决策者的合理预期。

期望报酬率通常用符号 $\bar{E}$ 表示，其计算公式如下：

$$\bar{E} = \sum_{i=1}^{n} X_i P_i$$

②标准离差。标准离差反映各种可能出现的收益结果与期望报酬的偏离程度。通常用以下公式表示：

$$\delta = \sqrt{\sum_{i=1}^{n} (X_i - \bar{E}) \cdot P_i}$$

标准离差以绝对数衡量决策方案的风险程度。对于不同的几个方案，当期望报酬相同时：**标准离差越大，风险越大；标准离差越小，风险越小。**

③标准离差率。标准离差率就是标准离差同期望值相比，通常用符号 q 表示，其计算公式为：

$$q = \frac{\delta}{E}$$

标准离差率做风险评价指标的优点是：标准离差只能用于期望报酬相同时各决策方案风险程度的比较，但实际决策中，期望报酬相同的决策方案并不多，因此，对于期望报酬不同的决策方案，评价各自风险程度只能借助标准离差率这一相对数值。

在期望报酬不同时评价不同方案的风险程度，标准离差率可得出下列结论：**标准离差率越大，风险越小；标准离差率越小，风险越小。**

（3）指标评价

指标评价又分为以下两种。

①单个方案风险程度评价。对于单个方案，决策者可根据其标准离差（率）的大小，并将其同设定的可接受的此项指标最高限值对比，看前者是否低于后者，然后做出决策。

②多个方案风险程度评价。对于多个方案，决策者行动准则应是选择低风险、高收益的方案，即选择标准离差最低、期望收益最高的方案。但高收益往往伴有高风险，低收益方案其风险程度往往比较低，究竟选择何种方案，就要权衡期望收益与风险，而且还要视决策者对风险的态度而定。

建议：对风险比较反感的决策者，可选择期望收益较低同时风险也较低的方案；喜欢冒险的决策者，则可选择风险虽高但收益也高的方案。

（4）例题演示

企业市场预测与预期收益概率分布如下表所示：

市场情况	年收益 X_i（万元）	概率 P_i
销量很好	50	0.1
销量较好	40	0.2
销量一般	30	0.4
销量较差	20	0.2
销量很差	10	0.1

试运用期望报酬、标准离差、标准离差率三项风险评价指标来分析该企业市场销售的风险程度。

①期望报酬 $\bar{E}$

$$\begin{aligned}\bar{E} &= \sum_{i=1}^{n} X_i P_i \\ &= 50 \times 0.1 + 40 \times 0.2 + 30 \times 0.4 + 20 \times 0.2 + 10 \times 0.1 \\ &= 30\text{（万元）}\end{aligned}$$

②标准离差 δ

$$\begin{aligned}\delta &= \sqrt{\sum_{i=1}^{n} (X_i - \bar{E})^2 P_i} \\ &= \sqrt{(50-30)^2 \times 0.1 + (40-30)^2 \times 0.2 + (30-30)^2 0.4 + (20-30)^2 \times 0.2 + (10-30)^2 \times 0.1}\end{aligned}$$

$=10.95$

③标准离差率 q

$$q=\frac{\delta}{\bar{E}}=\frac{10.95}{30}=0.365$$

5. 风险调整贴现率的计算

风险调整贴现率是指按照投资方案的风险报酬率调整其无风险报酬率以计算资本成本的方法，即按风险调整的资本成本是无风险报酬率与风险报酬率之和。

其计算方法如下：

风险调整的资本成本（K^*）＝无风险报酬率（K_0）＋风险报酬率（K_f）

风险报酬率 $K_f=bv=b\cdot\frac{\delta}{\bar{K}}$

式中：b 为风险报酬系数（可参考以往同类投资方案的历史资料或由企业领导及有关专家确定），δ 为标准离差。$\bar{K}$ 为期望报酬率（$\bar{K}=\sum_i K_iP_i$），P_i 为第 i 种可能发生的概率。

例 某企业拟对某投资方案进行筹资，该投资方案的无风险报酬率（资本成本）为10%，有关专家参考此类投资方案以往的资料确定风险报酬系数为80%，该投资方案由于受不确定因素的影响，其投资报酬率的概率分布如下：

经济状况	该种经济状况发生的概率（P_i）	投资报酬率
繁荣	15%	35%
较繁荣	40%	30%
一般	25%	25%
衰退	20%	0

试根据以上资料，计算该企业按风险调整的资本成本。

解：先计算该企业投资方案的期望报酬率：

$$\bar{K} = \sum_i K_i P_i$$
$$= 35\% \times 15\% + 30\% \times 40\% + 25\% \times 25\%$$
$$= 23.5\%$$

然后计算标准离差：

$$\delta = \sqrt{\sum_i (K_i - \bar{K})^2 \cdot P_i}$$
$$= [(35\% - 23.5\%)^2 \times 15\% + (30\% - 23.5\%)^2 \times 40\% + (25\% - 23.5\%)^2 \times 25\%]^{\frac{1}{2}}$$
$$= 6.1\%$$

风险报酬率 $K_f = bv = b \cdot \frac{\delta}{\bar{K}} = 8\% \times \frac{6.1\%}{23.5\%} = 2.1\%$

按风险调整的资本成本为：

$K^* = K_0 + K_f = 10\% + 2.1\% = 12.1\%$

6. 风险资产比率的计算

风险资产比率是衡量从资产转化为现金过程的风险的一个指标。**这一比率同公司资产的质量关系密切，也受公司利润及现金流动变化的影响。**

其计算方法有以下两种：

风险资产比率 = 高风险资产/总资产

风险资产比率 = 高风险资产/销售额

财务分析人员和投资者一般根据风险种类对公司资产进行分析，来估计和衡量未来收益的情况。

例 某公司的总资产为9 000 000元，销售额为10 000 000元，财务分析人员认为企业风险资产为1 000 000元。

则：

高风险资产比总资产 $= \frac{1\,000\,000}{9\,000\,000} = 11.1\%$

高风险资产比销售额 $= \frac{1\,000\,000}{10\,000\,000} = 10\%$

7. 坏账率：评价坏账风险的指标

坏账率是用来反映一个企业信用销售收入（赊销收入）中不可收回账款比率的指标。坏账率的升高，意味着企业应收账款不可收回的风险性及预期销账的可能性提高。

企业财务管理人员通过对不同时期坏账率和所实现利润的分析，来评价企业的信用政策是否合理，如果坏账率升高所带来的损失小于其所带来的利润，那么信用政策是合适的；否则，信用政策是不合适的。**当然，如果既使坏账率降低，又使实现的利润提高，则是最理想的。**

（1）坏账对销售收入的比率：

$$坏账对销售收入的比率=\frac{坏账金额}{销售收入}$$

（2）坏账对应收账款的比率：

$$坏账对应收账款的比率=\frac{坏账金额}{应收账款}$$

例如，某企业两年的有关数据见表5-3：

表5-3　**某企业经营情况表**

时　期	销售收入	应收账款	坏账	坏账率
第一年	100 000	30 000	3 000	3%，10%
第二年	150 000	60 000	7 000	4.7%，11.7%

第二年与第一年相比，坏账率提高，说明企业的信用政策过于宽松，导致风险型顾客增加，使得企业坏账费用升高超过了信用政策放松所获得的额外收入。

8. 防范经营中的融资风险

（1）融资风险分析

造成融资风险的主要原因有三个：一是企业经营亏损；二是企业资金

运用不当；三是汇率变动。

①企业经营亏损导致融资风险。这时有两种情况，一种是企业资金全部是自有资金垫支，导致财务风险；另一种情况是企业资金中有一部分是借入资金，如发生经营亏损，企业只好用自有资金支付借款利息，赔本经营，形成财务风险。

②企业资金运用不当导致融资风险。企业的财务收支时时发生，企业的债务也产生在各个不同阶段，当企业集中付款和清债同时进行时，有可能造成企业融资风险。**如果这种风险不能被很快控制，便会使企业失去信誉，影响企业的形象。**

③汇率变动导致融资风险。如果企业采用外币融资，当借入的外币在借款期间升值时，企业到期偿还本息的实际价值就高于借入时的价值。当汇率发生反方向变化时，借入外币贬值，企业便可得到额外收益。因为借入外币虽然发生贬值，但企业却仍按借入的归还本金，按原利率支付利息，这就使实际归还的价值减少。

（2）经营中融资风险的防范

企业应清楚自身债务情况，分析计算“偿债保本收益”，正确估计企业偿债能力。

偿债保本收益，就是企业息税前利润刚好可以支付利息费用时的经营收益。

- 息税前利润 < 利息支出，亏损，有筹资风险；
- 息税前利润 = 利息支出，盈亏临界，无筹资风险；
- 息税前利润 > 利息支出，盈利，无筹资风险。

偿债保本收益是企业维持正常生产经营的最低收益，此时企业净利润为 0，企业处于筹资风险临界状态。

企业必须学会运用偿债保本收益计算方法来估算自身偿债能力，从而合理安排资金结构，制定筹资决策，进而有效防范融资风险。

（3）资金运用融资风险的防范

①套头筹资法。企业的借款到期就要还本付息，企业根据生产和管理需要必须支付资金，这一还一支如果集中在一起，就很可能形成资金紧张

状况，持续下去更会引起财务风险。为避免财务风险发生，企业可采用“套头筹资”法，即短期借款的归还日期与相应的流动资产变现日期尽可能相同，做到及时还债，不至于资金闲置。

②分散筹资、分散归还法。筹集资金分批进行，使利息偿付日、还款日分散，以免还款期限重叠，大大加重偿债负担。

总之，合理安排资金结构，做到借钱、还钱、支出在时间上的交叉，尽量防止各种用途的资金支出集中在一起给企业带来更大的偿付压力，从而保证企业有充足的偿债和经营支付能力。

第五章

资金调度，灵活通畅

企业财务管理的一项重要职能就是做好企业资金的调度。每个企业都会遇上资金持有量多少的问题，资金持有得过多，会闲置相当部分的资金，使之不能发挥应有效益；而资金持有过少，又要冒一定的财务风险，影响企业的经营决策。如何在两者之间找到一个最佳平衡点，是企业财务管理的重要任务。

从财务管理学角度来讲，企业资金在固定时间内流动的次数越多越好，这就是我们常说的“花不多的钱办更多的事儿”，这是企业资金调度的理想状况。然而如何让资金流转速度更快呢？这就要靠财务管理人员的灵活调度，企业的资金如同流水，要想流得快，就必须保证渠道的畅通；并且，要不断地给资金的流动挖掘新渠道，开辟新流向。

一、严格地做好资金调度工作

“流水不腐”是企业资金调度的重要原则。只有让资金充分地流动起来，才会创造更多的收益。因此，企业需要认真科学和高效地做好资金调度工作。

1. 确定货币资金最佳持有量

货币资金是一种非营利性资产，过多地保持货币资金会降低企业的盈利能力，然而货币资金过少也会导致企业资金周转困难并增加财务风险。因此，企业必须确定货币资金的最佳持有量。确定合理的货币资金持有量是货币资金日常管理的重要内容。

确定货币资金最佳持有量的方法很多，最常用的方法是利用存货经济订货批量的模型进行计算，即利用存货经济批量的基本原理，求总成本最低时的货币资金持有量。

货币资金持有量总成本主要包括两个方面：①持有成本就是指持有货币资金而损失的利息收入或由于借款而支付的利息，这种损失又叫做机会成本。**它与持有的货币资金数量成正比**。②转换成本就是指用有价证券等资产转换成货币资金而发生的固定成本，通常它与转换的次数成正比。

企业持有的货币资金数量大，则损失或支付的利息多，也即持有成本高，但转换的次数少，转换成本可降低；反之，如果企业持有的货币资金数量小，持有成本可降低，但转换的次数增加，转换成本也会上升。

计算总成本最低时的货币资金最佳持有量的计算公式为：

$$TC=\frac{QM}{2}\cdot HC+\frac{DM}{QM}\cdot FC$$

式中，TC——总成本；

FC——每次取得货币资金的转换成本；

HC——货币资金的持有成本；

DM——预计期间的货币资金需用量；

QM——货币资金最佳持有量。

根据以上公式推导，并使 TC 等于零，即可求出货币现金最佳持有量为：

$$QM = \sqrt{\frac{2 \cdot FC \cdot DM}{HC}}$$

货币资金是企业流动性最强的资产，也是赢利性最弱的资产。**对货币资金进行管理的目的，就是要权衡资产的流动性和营利性，合理安排收支，最大限度地获得收益。**

货币资金最佳持有量还有以下几种模式。

（1）现金周转模式

如果企业的生产经营过程一直持续稳定地进行，现金支出基本上是购货和偿还应付账款，且不存在不确定因素，那么，我们可以根据现金的周转速度和一定时期（如一年）的预计现金需求量进行计算。其公式为：

$$现金最佳持有额度 = \frac{预计现金年总需求量}{货币资金周转次数}$$

毫无疑问，现金周转速度越快，平日持有的现金就越少。在上式中，现金周转次数是指现金在一定年内周转了几次，这可用下式计算：

$$现金周转次数 = \frac{360}{现金循环天数}$$

现金循环天数亦可称为货币资金运行周期，是指企业由于购置存货、偿付欠款等原因支付货币资金到存货售出、收回应收款而收回货币资金的时间。在存货购销采用信用方式（赊购赊销）时，其计算公式为：

现金循环天数 = 平均储备期 + 平均收账期 − 平均付账期

例 某企业平均应付账款天数为 25 天，应收账款收款天数为 20 天，存货天数为 70 天，则现金循环天数为 65 天（70 + 20 − 25 = 65）。相应地，其年周转次数为：

现金周转次数 = 360 ÷ 65 = 5.54（次）

假定该企业预计未来一年的现金总需求额为 35 000 000 元，则：

现金最佳持有额度 =35 000 000 ÷5.54

=6 317 689（元）

现金周转模式操作比较简单，但该模式要求有一定的前提条件。首先，必须能够根据往年的历史资料准确地测算出现金周转次数，并且假定未来年度与历史年度周转效率基本一致；其次，未来年度的现金总需求应该根据产销计划比较准确地预计。

如果未来年度的周转效率与历史年度相比发生变化，但变化是可以预计的，那么该模式仍然可以采用。

假如，假定上例中该企业预计未来一年现金周转效率和速度较上一年的5.54提高10%，那么，我们可据以算出下一年的周转次数：

$$\text{未来年度现金周转次数} = \text{上一年度现金周转次数} \times (1 + \text{预计的加速度})$$

假定年度的现金总需求额不变，则：

现金最佳持有额度 =3 500 000 ÷6.094

=5 743 354（元）

例 兴盛公司购买材料和销售产品均采用赊销方式。应付款的周转期为30日，应收款的周转期为70日，而平均存贷周转期为80天，该公司当年要求现金总需求为300万元，试确定公司最佳现金持有量。

①计算现金周转期：

现金周转期 =70 −30 +80 =120（天）

②计算现金周转率：

$$\text{现金周转率} = \frac{360}{120} = 3\text{（次）}$$

③计算最佳现金持有量：

$$\text{最佳现金持有量} = \frac{300}{3} = 100\text{（万元）}$$

该计算结果表明：企业目标中的最佳现金持有量为100万元，即企业若年初持有100万元现金，它将有足够的现金用以支付。

（2）成本分析模式

企业持有现金必然要发生一些相关成本，成本分析模式认为，这些成本主要是投资成本、管理成本、短缺成本，三者之和构成了相关总成本。**成本分析模式的基本思想就是要求持有现金相关总成本最低点的现金额度，以此作为最佳持有额度。**

①投资成本。投资成本是指占用现金的投资的资金成本或投资者所要求的收益率。现金作为资金总体的一部分，或者来自债权人，或者来自股东，因此，持有现金必须考虑相应的投资成本。持有现金越多，其相应的投资成本也就越多，反之亦然。

也有人把投资成本换称为机会成本。道理是基本一致的。库存现金没有任何直接收益，银行存款中有的没有利息收益，有的有利息收益，即便有，数额也非常小。如果将现金投资于有价证券则可以赚取一定的投资收益，如果将现金持有而未进行投资则就丧失了取得投资收益的可能性，由此而形成了机会成本。机会成本可以用证券投资的收益率来表示。

②管理成本。管理成本是指从事现金收支保管与有关管理活动的各种费用开支，如有关人员的工资、保险装置费用，建立内部控制措施及办法而引发的费用等。**管理成本通常是固定的，在一定的范围内不随现金余额的多少而变动。**

③短缺成本。短缺成本是指企业现金持有不足而招致的损失。短缺成本主要体现在三个方面：首先，现金不足致使企业不能在折扣期内付款，从而丧失了优厚的现金折扣。致使购货成本提高或利息费用增加、利息收益减少。其次，现金不足致使企业不能在债务到期时及时偿还，立即可能招致的损失就是银行或供货方等信用提供者要求的罚款、罚息或提高利率；后续的损失就更大了，由于信誉下降，银行可能就不会提供贷款或者只能提供有条件的贷款，供货商可能不会提供商品信用而要求现款交易。再次，现金不足致使企业丧失购买能力的话，生产经营维系所必需的材料及杂项开支得不到保证，还有可能导致生产经营中断，损失将会更大。

上面介绍的现金不足招致的三个方面的短缺成本只是测定现金最佳持有额度而考虑的，能够有效地计量成本。事实上，现金不足达到一定的幅度和时间，如果对大量债务无法偿还的话，将会引发严重的财务危机，并进而有导致企业破产倒闭的可能。因此，从管理的角度来看，保持一定的现金和足够的流动性是极有必要的。

由于各种成本同现金持有量的变动关系不同，使总成本呈抛物线形，抛物线最低点即为最佳现金持有量，此时总成本最低。

现金总成本＝管理费用＋机会成本＋短缺成本

例 凯华公司财务经理设计出三种现金持有量备选方案（见表5－1），试做出决策。

表5－1 **凯华公司现金持有量备选方案** 单位：元

项目	方案Ⅰ	方案Ⅱ	方案Ⅲ
现金持有量	10 000	20 000	30 000
机会成本率	20%	20%	20%
管理费用	1 000	1 000	1 000
短缺成本	3 500	1 000	0

根据公式：

总成本＝管理费用＋机会成本＋短缺成本

方案Ⅰ：

总成本＝10 000×20%＋1 000＋3 500＝6 500

方案Ⅱ：

总成本＝20 000×20%＋1 000＋1 000＝6 000

方案Ⅲ：

总成本＝30 000×20%＋1 000＋0＝7 000

结论：

通过成本比较，方案Ⅱ设计的现金持有量为最佳持有量，此时总成本最低，为6 000元。

（3）存货模式

使用存货模式，就是认为持有现金与持有存货相似，因此，运用存货管理的模式来实现最优现金管理。

使用该方法的核心：现金有关成本最低化。

在存货模式下我们只考虑两种成本：持有机会成本和转换成本。**当公**

司使现金管理的机会成本和转换成本之和保持最低时，即确定了公司最佳持有现金量。

现金管理总成本 = 持有机会成本 + 转换成本

$TC = (Q/2) \times K + (T/Q) \times F$

式中，T 为一个周期内现金总需求；

F 为每次转换有价证券的固定成本；

Q 为最佳现金持有量；

K 为有价证券利息率；

TC 为现金管理总成本。

最佳现金持有量 $Q = \sqrt{2T \cdot F/K}$

最佳现金管理总成本 $TC = \sqrt{2T \cdot F \cdot K}$

例 兴盛公司现金收支状况比较稳定，预计全年（按 360 日计算）需现金 20 万元，现金与有价证券转换成本为每次 400 元，有价证券年利率为 10%，试运用存货模式法确定最佳现金持有量。

$$\begin{aligned}\text{最佳现金持有量 } Q &= \sqrt{2T \cdot F/K} \\ &= \sqrt{2 \times 200\ 000 \times 400/10\%} \\ &= 40\ 000 \text{（元）}\end{aligned}$$

$$\begin{aligned}\text{最佳现金管理成本 } TC &= \sqrt{2T \cdot F \cdot K} \\ &= \sqrt{2 \times 200\ 000 \times 400 \times 10\%} \\ &= 4\ 000 \text{（元）}\end{aligned}$$

注意：运用存货模式法确定现金最佳持有量时，是以下列假设为前提的：

- 企业所需现金可通过证券变现取得，且证券变现的不确定性很小；
- 企业预算期现金总需求要事先预测；
- 现金支出过程比较稳定；
- 事先已知证券变现相关交易成本。

基本满足以上条件，企业即可使用存货模式法来确定现金的最佳持有量。

2. 现金收支的内部控制

现金收支的内部控制是企业内部控制系统的一个重要环节，它包括现金收入的内部控制和现金支出的内部控制。**良好的内部控制就如同高超的防身术，能安全地控制企业的现金收支。**

(1) 收入现金应注意的问题

库存现金收入主要有三种来源：一是银行存款；二是销货收入和劳务收入等；三是收回的应收账款。

有关现金收入的注意事项包括以下几点。

- 现金收入必须经过规定程序，并且应附上现金收入传票以及凭证文件。
- 挂号邮件要由现金收入经办人，或客户总账经办人以外的人开封。
- 现金收入传票与凭证文件日期，与出纳员的记账日期应一致。
- 所收入现金，应在当日或第二日存入开户银行。
- 分公司、各营业部、分支机构的营业收入等应毫不迟疑地上交总公司。

现金收入管理中还应注意以下几点。

- 收款经办人只负责处理收款业务，应避免执行其他业务。
- 收款经办人不能制作现金收入支票，要经由其他单位或经办人制证。
- 对营业收入收进的现金，应单设收款人员，与现金出纳分开，每日营业终了时由收款员将收入的现金直接交送开户银行，并将银行账单交出纳部门报账。
- 对于收回应收账款或企业内部人员预借差旅费余额的退回款，出纳人员应当面清点现金并与账面核对。

(2) 现金收入的内部控制制度

关于现金收入的内部控制制度，我们以表格形式列示（见表 5－2）：

表 5－2　现金收入的内部控制制度

内部控制的内容	现金收入的内部控制
可靠、富于竞争力和有职业道德的职员	公司应仔细审查职员是否有不良的个人品质。此外，还需花费大量资金实施培训计划。
合理分工	特定的职员被指定担任出纳或管理出纳的人员或现金收入会计。
合理授权	只有指定的职员（如部门经理）可批准顾客的特殊情况，即同意超过支票限额的支票收入和允许顾客赊购商品。
职责分离	出纳和分管邮寄现金的职员不得接近会计记录，记录现金收入的会计不得兼管现金。
内外部审计	内部审计人员检查公司的业务是否与管理政策相符。外部审计人员检查现金收入的内部控制，确定由会计系统产生的与现金收入相关的营业收入、应收项目和其他项目是否准确。
凭证和记录	顾客要收到业务记录的收据，银行对账单要列示现金收入用以调整公司记录（送款单）。顾客的邮寄付款记入汇款通知单，用以反映公司收到的现金数额。
电子计算机及其他控制	现金出纳机进行业务记录，出纳受其制约，现金要存放在保险柜和银行里。每天的收入应与顾客的汇款通知书和从银行取得的送款单相一致。职员应在不同工作岗位上轮换并按期休假。

(3) 支出现金应注意的问题

现金支出通常包括：送存银行，支付日常内部借款，小额费用的报销三部分。无论哪种现金付出都要有原始凭证，经办人员填写签字、有关负责人签字批示、主管会计人员审查同意后，才能支付现金。

付款后，出纳员还应在有关凭证上加盖“现金付讫”戳记，以防重付或漏付。**同时及时编制记账凭证或送交会计人员编制记账凭证，并及时登记现金日记账。**

具体来说，付款的手续如下列步骤：

- 制单分类传票；
- 附申请书及其他凭证文件；
- 有会计主管认可的印章才可付款；
- 凭证收据付款。

注意，无限制的以现金来支付款项，自然手边就会保管数量不小的现金。除了每天的检查、查核业务繁杂外，发生事故的概率也会增高，所以现金交易应尽量减至最少。

我们还应注意，原则上以现金支出的情况，只限于小额的经费、薪资，以及其他必须以现金支付的款项，而其他的付款则应以银行转账、支票、票据来支付。

现金支出交易应当注意的事项，正是上述所列举支付步骤和要点。**由于所有现金支付的款项，都是不经过金融机构的付款形态，所以付款的经办者需谨慎小心处理。**

(4) 现金支出的内部控制制度

关于现金支出的内部控制度，我们也以表格形式列示（见表5-3）：

表5-3　　现金支出的内部控制制度

内部控制的内容	现金支出的内部控制
可靠、富有竞争力和有职业道德的员工	现金付款应由高层职员管理，大额付款应由财务主管或财务主管助理经办。
合理分工	专门的职员批准需付款的购货凭证，高级管理人员批准并签发支票。
合理授权	大额开支必须由业主或董事会授权，以确保与企业目标相一致。
职责分离	计算机程序员和其他经管支票的职员不得接近会计记录，登记现金支付的会计不得有经管现金的机会。
内外部审计	内部审计人员审查公司业务是否与管理制度一致；外部审计人员审查现金支出的内部控制，以确认会计系统所产生的费用及资产和与现金支出相关的其他项目的金额是否准确。

表5－3（续）

内部控制的内容	现金支出的内部控制
凭证和记录	供应商开出的发票是支付现金所必需的凭证；银行对账单上列示的现金支出（支票和电子通汇付款）用以调整公司的账面记录；支票要按顺序编号，以说明付款的顺序。
电子计算机及其他控制	空白支票要锁在保险柜里并由不从事会计工作的管理人员负责控制，支票的金额要用擦不掉的墨水由机器印上去；已付款的发票要打孔以避免重复付款。

3. 加速现金回收的常用方法

企业用来提高现金管理效率的各种收款和付款方法构成了同一硬币的两个面。它们对企业现金管理的总的效率产生了一个综合影响。一般认为企业将通过加速现金回收而获益。**企业希望加速收回应收账款，从而可以更及时地使用资金。**

对于加速现金回收而言，其内容涉及从企业产品或劳务的售出，到款项被收回成为企业的可用资金的各个步骤。通常可采用以下一种或几种方式，可设计出许多加速收款的方法。

- 提高准备和邮寄发票的速度；
- 加速从客户到企业的款项邮寄过程；
- 缩短从收到款项至它变成入账资金的时间。

由上述三种思路而设计出的常用方法有：

- 早寄发票法；
- 锁箱法；
- 银行业务集中法。

现金回收管理的症结所在是回收时间。如何缩短收现时间，加速资金周转是现金回收管理要解决的问题。

（1）早寄发票法

加速现金回收的一个很明显而也最容易被忽视的方法就是尽早将发票

送给客户。

客户有不同的支付习惯。有些客户喜欢在折保日或最后到期日付款，也有些客户在收到发票时立即付款。由于较早收到发票会导致较早的折扣期和最后到期日，因此无论在何种情况下，较快地寄出发票都会促使客户更快地付款。

通常这一发票过程可由计算机来完成。此外，有些公司会将发票附于发出的商品中，也有的公司通过传真发送发票或干脆直接要求提前付款，这些方式都是较为可行的。**公司还可以使用授信转投的方式，开发票这一过程便可彻底去掉**。使用这一方法时，客户与公司签订协议，允许公司在某个特定日期，直接从客户的银行账户将资金转拨到企业的银行存款账户。保险费和抵押付款通常就采用这种方式，因为它们都是定期发生一笔固定的费用。

(2) 锁箱法

加速现金回收的锁箱法通常又称邮政信箱法，是企业加速现金流转的一种常用方法。

企业可以在各主要城市租用专门的邮政信箱，并且立分行存款户，授权当地银行每日开启信箱，在取得客户支票后立即予以结算，并通过电汇再将贷款拨给企业所在地银行。在使用锁箱法的情况下，客户将支票直接寄给客户所在地银行而不是企业总部，不但缩短了支票邮寄时间，还免除了公司办理收账、贷款存入银行等手续，因而缩短了支票邮寄以及在企业的停留时间。

但应注意，使用锁箱法成本较高，因为被授权开启邮政信箱的当地银行除了要求扣除相应的补偿性余额外，还要收取办理额外服务的劳务费，导致现金成本增加。因此，是否采用锁箱法，需视释放现金产生的收益与增加的成本大小而定。

(3) 银行业务集中法

银行业务集中法是一种通过建立多个收款中心来加速现金流转的方法。在这种方法下，企业指定一个主要开户行（通常是总部所在地）为集中银行，并在收款额较集中的若干地区设立若干个收款中心；客户收到账单后直接汇给当地收款中心，中心收款后立即存入当地银行；当地银行在进行票据交换后立即转给企业总部所在银行。

银行业务集中法可以缩短客户邮寄支票所需时间和支票托收所需时间，也就缩短了现金从客户到企业的中间周转时间。**但是，采用这种方法须在多处设立收账中心，从而增加了相应的费用支出**。因此，企业应在权衡利弊得失的基础上，做出是否采用银行业务集中法的决策，这可通过计算分散收账收益净额来进行：

分散收账收益净额 =（分散收账前应收账款余额 − 分散收账后应收账款余额）× 企业综合资金成本率 − 因增设收账中心每年增加费用额

当分散收账收益净额大于 0 时，采用银行业务集中法比较有利。

这种方法适用于销售网络较广的企业。如现在彩电企业、摩托车企业、VCD 企业销售网络遍布全国，如何把销售款尽快调回总部统筹进行资金周转就是一个很大的问题。这些企业在收集资金的过程中可能需要通过不少的银行机构，设计一个科学的资金回收体系是加速现金收入的要点。

4. 延迟支付现金的招法

现金支出管理的症结所在是支出时间。反其道而行之，站在支付方的角度，企业当然越晚支出现金越好，但前提是不能有损企业信誉。

现金支出管理的主要任务是尽可能延缓现金的支出时间。延迟现金支付的方法有以下四种。

（1）推迟支付应付账款

一般情况下，对方收款时会给企业留下信用期限，企业可以在不影响信誉的情况下推迟支付时间。

（2）采用汇票付款

汇票支付结算方式存在一个承付期的过程，企业可利用这段承付期延缓付款时间。

（3）合理利用“浮游量”

现金浮游量是企业账户上现金余额与银行账户上所示的存款余额之间

的差额。有时，企业账户上的现金余额已为零或负数，而银行账上的该企业的现金余额还有很多，主要是因为有些支票企业已经开出，但客户还没有到银行兑现。如果能正确预测浮游量并加以利用，可节约大量现金。

（4）改进工资支付方式

预先估算从开出支付工资支票到银行兑现的具体时间，估计支付工资期间中每一日的兑现率，这样企业就不必在工资支付期间的第一日存足支付全部工资所需要的工资额，而可将节余下的部分现金用于其他投资。

5. 检查现金保管制度的严密性

如何能够检验现金保管制度的严密性呢？通常我们从以下几个方面入手：

- 现金保管经手人以外的人，是否适时地检查手边的现金；
- 甲种存款余额是否变负数，如果有的话，是否有缔结存款透支契约；
- 收到银行往来对账单（调节甲种存款之银行所证明的余额与账簿上的余额），是否会根据规定做好应有的手续；
- 是否适当地做好现金、支票簿、存折、印鉴的保管；
- 现金过于不足的情况，是否适当地做好确认的手续与账目处理，并迅速报告主管人员加以处理；
- 是否禁止将收到的现金直接拿来付款的行为；
- 收入的现金是否立即存入银行；
- 已到期支票是否立即以票据方式管理；
- 存入巨额现金时，是否采取任何防止危险的策略；
- 未存入的现金是否有妥善的管理方式；
- 结账后所收到的现金，是否有妥善的管理方式；
- 是否有未记入账簿的现金；
- 作为准备付款之现金余额，是否有设最高额度限制；
- 现金余额是否每天与账簿上的余额核对，并且有主管人员的认同；
- 主管人员、经办者以外的人，或内部监察经办者，是否不预先告知而检查经管员手边所保管的现金与账簿的记录。

6. 谨防下属设置“小金库”

企业私设小金库是违反规定的，“小金库”即备用金超过规定的限额。那么备用金是怎么一回事，怎么发现企业是否有“小金库”呢？

对企业而言，为一位高级管理人员的出租车费或急需的办公用铅笔支出开一张支票是不经济的，因此，企业需保持小额现金以应付这种零星开支，这种现金叫做备用金。

由于备用金是采用先领后用、用后报销的做法，易产生诸如管理上的问题，因此，企业应当有健全的备用金使用和报销制度。

备用金制度是根据由于适时的需要而必须独立出纳事务的情况，或发生次数频繁、项目类似之小额付款的情况所拟定的制度。如旅费、邮电费、杂费等小额的支出，可节省每件支出制单传票所需的时间。它的处理方式，可比照一般现金的出纳，但还有其需额外注意的地方。

备用金处理之检查重点：

- 备用金之开支，是否从定额预先交付的资金中支付；
- 预先交付的备用金，是否规定在短期内给予必要程度的补充；
- 是否事先指定掌管备用金的人员，也就是由各规定之保管经办者所保管；
- 保管经办者是否无处理备用金以外的现金出纳或收款业务；
- 备用金的支付是否限定其用途、金额；
- 保管经办者是否对于所有的支付都取得收据，是否禁止以备忘的方式付款；
- 对于定额预先交付的资金出纳，保管经办者是否有记账；
- 期末结算时，备用金是否算入现金科目之中；
- 保管经办者以外的人，或内部监察经办者是否会不事先通知而检查备用金的使用情形。

二、小心谨慎地处理好各类票据

1. 小心谨慎地开具支票

由于现金结算方式受到财务制度的严格限制，因此，企业的大量交易必须还通过银行存款划拨或支票结算。财务人员或经理人在开具支票时应注意以下几点：

- 原则上支票要画线；
- 支票的签发人应是董事长，或接受董事长委任的人；
- 开立支票时，应先制单会计传票，将传票与凭证文件送交出纳主管，经主管验印后，再由发票人盖章、签名；
- 支票上的金额要用支票机打印；
- 手边尚有未交付的支票时，出纳经办者应将内容记入未交付支票明细表中，每天送出纳主管验印盖章；
- 未交付支票的会计处理，要在每个月月底进行调整，将它作为未开立支票处理；
- 误写而作废的支票，应登记于各银行的整理账里，注明理由、作废日期，并加盖经手人及出纳主管的印章，并将作废支票之支票号码贴于支票领取证上，以使银行作业。

以现金（通货）付款的方式，危险性高，事务处理也繁杂，所以通常在一定额度以上的付款，就以支票或票据来支付。

支票可以马上支付，所以具备与现金同样的效果，在处理上就必须非常小心。

2. 收取支票应注意的问题

企业理财人员每当收到支票时心中难免有些疑虑：支票是伪造的吗？支票手续是否齐全？支票是否是空头的呢？

在收取支票时，理财人员应着重检查以下几点。

①支票是否是金融机构所规定之统一格式的支票。自行印制公司名称之支票，需经银行核准，否则即使在法定上虽然有效，但金融机构仍可能不承认。

②大写金额栏是否以通用楷书大写，或以支票机打。用手写的数字有被更改的危险。

③大写金额与小写金额之数字是否一致。如果不一致，则以大写金额栏的金额为准。

④金额是否有更改。大写金额绝不可更改，小写金额有更改时，一定要盖修正章（印鉴），最好不要更改数字。

⑤发票人的签名、盖章是否正确。

⑥发票日是否正确记载。支票提示期限是发票日后七日内，在提示期限内不提示付款，对该票据权利的行使会有极不利的影响。

⑦是否有指定受票人。如受票人要将支票转让，必须先经过该受票人背书，否则无法兑现。

⑧是否是画线支票。如果不是的话，为预防遗失或失窃，可亲自划上两条平行线。

⑨收到远期票据时可先保留，然后记录于应收票据日记账，再经由银行的代收票据代收，等兑现日到期之后，再转入账户内。

3. 兑现支票应注意的问题

通常兑现支票有以下两种方式：

- 直接持票向付款银行提示支票兑现；
- 委托自己往来银行代为兑现转账。

兑现支票时应注意：

取得支票后，就要将支票向付款人（金融机构）提示。支票一旦被提示后，付款人就从该提示的支票的发票人户头中，支付支票上记载的金额给持票人。

通常都是以②的方式兑现支票金额。将支票委托自己公司之往来银行代为交换兑现，银行将支票带至票据交换所交换，由银行之间处理。当付款银行的发票人的存款余额不足时，这张支票就成了拒付支票，会被贴上不能付款的笺条而退还。

也可由①的方式兑现支票，但如果付款银行是在外地，这么一来效率就很低，而且不经由票据交换所，若发生存款不足的情形，彼此间的纠纷就很难处理。**因此，为确保安全及便利性，还是经由银行代为交换兑现。**

当支票遭到拒付时，持票人可以行使追索权。

但应注意行使追索权要满足下列两个条件：

- 在提示期间提示；
- 支票上附有付款银行拒绝支付的理由。

行使追索权，即可向出票人或背书人要求支付权利。

4. 谨慎支票的背书转让

(1) 背书常识

背书是指在票据背面或者粘单上记载有关事项并签章的行为。背书的目的很明确，就是持票人背书并交付汇票，以便把自己享有的票据权利转让给受让人。接受背书的人称为被背书人。背书人是被背书人的前手，被背书人是背书人的后手。背书之后还可背书。例如票据由甲背书转让给乙后，乙仍可背书转让给丙，丙给丁……

每次背书都在票据上，背书呈现连续性。而且后手对直接前手的真实性负责，而前手对后手承担担保责任，同时后手具有追索权。也就是说，公司接受了一张背书来的票据，公司又把它背书转让出去后。不能错误地认为这张票据与公司无关了。若这张票据被拒付，公司的后手会找公司的麻烦，公司也只能找前手或承兑人的麻烦。因此，背书出去并不意味着责任的终结。背书的法律规则是十分严密和周详的，在权利转移中同时伴有责任，这保证了票据的流通安全。

并不是所有的票据均可以背书的。公司可在汇票上注明“不得转让”等文句，这张票据就禁止背书了。当然，标了“禁止背书”后，该票据就丧失了流通性，公司若想将票据签发出去或转让出去，那肯定不受欢迎。

此外汇票被拒绝承兑、被拒绝付款或者超过付款提示期限后，不得背书转让。

背书不得附条件。为了防止背书因所附条件而妨碍其担保作用以及汇票流通，票据法规定背书不得附有条件。背书附有条件的，所附条件不具有汇票上的效力。这一记载既不影响背书本身的效力，也不影响其持续性，因此也不会影响持票人的任何票据权利。

部分背书无效。**将汇票金额的一部分进行转让的背书或者将汇票金额转让给两人以上的背书无效。**一般转让背书包括记名式背书和空白背书。我国《票据法》只承认记名背书而不承认空白背书。我国《票据法》第30条规定，汇票以背书转让或者以背书将一定的汇票权利授予他人行使时，必须记载被背书人名称。记名背书是指在汇票上记载背书人和被背书人双方的姓名。因此，在记名背书中，背书人签章与被背人名称是必不可少的。记名背书有两种格式，一种是文句式或文书式，另一种是表格式。背书的连续性是背书最重要的特征。

背书连续是背书有效的最重要的条件。接到已背书转让多次的汇票，审查背书连续性是必然的一个步骤。所谓背书连续，也就是转让汇票的背书人与受让汇票的背书人在汇票的签章依次衔接。票据流转频繁，要权利人证明其合法性常会遇到许多困难。特别是持票人很难证明其非直接前手的票据权利的合法和有效。根据背书形式上的连续，推定持票人为合法权利人，实际上是减轻了持票人的举证责任，从而大大地增强了票据的流通性。

支票的背书与汇票大致相同。记名式支票必须按背书方式转让，不能仅凭支票交付。无记名支票，可以不背书转让，也可以背书转让。支票中无承兑制度，所以背书人不承担担保承兑的责任。

(2) 支票背书的方法

支票背书有两种方法：

- 在有指定被背书人时，采用记名式背书；
- 在无指定被背书人时，采用空白式背书。

支票的统一格式上都会印有“凭票支付”等字样。这是指谁拿了这张支票去银行兑现时，银行就要付款给这个人的意思。由于支票可以立即兑换成现金，所以通常不太转让给他人，如果是见票即付的支票之转让，只要直接将支票转交给对方就可以了。

如果发票人在“凭票支付”后填写上个人姓名或公司全名，此张支票就是记名式支票，在转让时就必须先背书。有的支票在背面会印有背书栏，如果没有的话，可在支票背面空白处签名、盖章。

转让支票时，记名式支票必须由指定被背书人在背面背书，空白式支票则必须由自己签名盖章后才能转让。若是空白式背书，只要任何人拿到支票就能兑现。但记名式背书的话，其背书就有连续性，付款只付给最后背书的人。

若支票拒付遭退票，背书人对持票兑现人就产生支付记载金额之义务。如果是不记名支票，欲特意在支票背面背书后转让，一旦发生退票，就会产生支付的义务，所以支票的背书应小心谨慎，不要轻易背书。

5. 警惕票据事故的发生

公司资金日常管理中应加强对票据的管理。票据的遗失、失窃往往会给公司带来巨大损失，因此应警惕票据事故。其方法如下：

- 专人保管票据，专人负责。每日核对，也就是加强日常管理。这其实是最重要、最基本的方法。
- 租用银行的保管箱。对一些中企业来说，自己的保安能力有限，与其整天提心吊胆，还不如在银行存一个保管箱，办理业务也方便。
- 采用记名支票。少采用空白支票，对空白支票重点管理。
- 注意票据背书。
- 票据遗失后，出点钱做广告，用一定的报酬支付给支票拾到者。这其实是一个挺实用的方法。

支票丧失，包括被盗和遗失，失票人可以及时通知付款人挂失止付，收到挂失止付通知的付款人（一般为银行）应当暂停支付。**不履行这一义务而擅自付款的，负有损害赔偿责任。**

我国《民事诉讼法》规定，因支票被盗、遗失或灭失的，可以在付款地向基层人民法院申请公示催告。《票据法》中明确规定："失票人应当在通知挂失止付后3日内，也可以在票据丢失后，依法向人民法院申请公示催告，或者人民法庭起诉。"

多一点法律知识，并遵循法律程序，能够避免很多不必要的损失。付款人在收到法院停止付款通知后，应停止付款，直到公示催告程序或诉讼程序终结。在公示催告或诉讼期间，如果没有利害关系人来申报权利，法院即作出判决，宣告失效。当然，只要支票不是捡到的或偷到的，只要其持有人是合法的权利人，他就可以根据法院判决，向付款人请求付款。**换句话说，公司开出支票后，不能仅用公告催示和诉讼来损害正当途径得到支票的人的权利**。

这种方法是通过法律程序将非法获得票据的人排除在票据权利人之外，让他拾到或偷到了票据也无法在银行取到钱。而止付通知并不具有法律上的这个意思，止付通知仅是支票权利人要求付款人暂不履行支付义务，此处的权利人可能是出票人，也有可能是出票人以外的支票权利人，但一般是遗失票据或被盗的"倒霉蛋"。在这种情况下，付款人的付款权并没有丧失。

6. 遭遇退票怎么办

资金周转计划的编制大多是按月编制的，但是对于资金周转量大，或者是资金周转困难的企业，若以月为单位来调度资金的话，难免会出现资金不足的时候。道理很简单，公司一年总计时的资金收大于支并不能保证每个月资金收入都能应付支出。同样道理，按月计划资金周转没问题并不等于每天的资金周转没问题。对于这些企业来说，有必要进一步计划编制资金周转。每月按上、中、下三旬编制计划，估计资金的余缺，在紧要时刻，甚至应该列出每天的资金收支安排。

有时候企业资金周转极为困难，很可能今天刚有笔收入，明天就必须支付出去。**在这种情况下，若是以现金支付的话，那么查一下手中现金余额便知道此时手中的资金存量**。但若是收支由银行活期存款转账，那情况就不同了，稍有不慎，心中觉得存款账户中还有存款，但很可能事实上已经没有了，这时再开出的支票若有应付票据到期的话，就难免会发生退

票。即使时间仅相差一天，银行也不可能为公司垫款。一天支出大于在银行的存款余额的话，公司开出的就是“空头支票”或票据到期无足够存款支付，银行便会以“存款不足”而退票。有些企业或公司是不在乎被退票的。

企业的各项内部支出，包括工资、奖金、费用报销等一般均需在财务部门办理手续，若资金吃紧，这些支出均有拖延几天的余地。尤其是费用报销，灵活度更大。工资、奖金是为了维持员工士气，还是不拖延为好。因此业务部门不一定知晓公司资金的松紧，但他们往往能从费用报销的难易程度来推测公司的资金状况。但应付票据就不一样了。只要到期，不用得到财务部门批准，款项也会从活期账户中划出。若存款余额不够的话就会遭遇退票。哪怕是一两天的差别，或仅是由于承办人员的疏忽，也会对以后的交易带来极为不利的影响，信用状况恶化的代价是很高的。

一般说来，退票主要是由于票据的开出日期与到期日期之间相差一段时间而导致出现到期日无款可付，被迫退票的情况。是否退票，关键是看到期日有无款可付，至于开出票据日时有无存款可付是无关紧要的。**所以企业应加强对应付票据到期日的管理。以避免在到期支付的当天出现存款不足的现象**。在金融手段发达的今天，借款偿还、支付借款利息、扣除贴现费用及电话费、水电费等企业的各项支出项目均委托银行进行，这更加大了管理的难度，更应时常注意存款的余额，以免遭到退票。

在很多情况下，水电费等各项费用支出均集中在月尾，若将应付票据也集中在月尾到期，这就比较有利于管理。若票据到期日和其他费用支付日分散开来，杂乱无章，那可得耗费一番心力来整理清楚哪一天有多少票据、费用要支付。

把应付票据按到期日顺序排列就是一种管理票据的实用易行的方法，而实用易行的方法就是好方法。应付票据的金额是记载在应付票据的分类账中的。若不小心，在应付票据分类账上数额登记有误，就会有遭到退票的危险，因 此，应该多花一点时间核实即将到期的应付票据的数额。如果要防患于未然，正确掌握每一笔应付票据的应付金额，就应在平时小心在意。因此，除了在应付票据分类账上记载应付票据的分类账之外，还应用专门夹簿，妥善保存票据的存根。应付票据分类账按开票日期顺序填列，并以此排列应付票据存根，将两种方法计算的应付票据总金额互相核对，有利于提醒公司何时该付多少钱。

要避免遭到退票就要有开出票据就等于付出现金的心理准备。手头上没有存款（现金），也是可以开出票据的。只要在到期日前能凑足款项就什么麻烦也没有。但正是这种掉以轻心的想法，使有些人开票据很随意，结果票据到期，没凑到足够的钱付款，导致退票。所以任何公司在签发票据时，打心底里就应做好签发票据就是支付现金的心理准备。

除了应该管理好应付票据的到期日，也应注意对所有应收票据的到期日都加以管理。有人认为，与应付票据的到期日管理相比较，应收票据当期日管理就不用费心了，随便一点没关系。这种想法是不正确的。如果对应收票据到期日的管理过于随便，就很可能弄不清楚哪一天有多少票据到期，有多少钱能进账。这就会无法正确掌握公司资金头寸的变化。

另外，要管理好应收票据，就应将其到期日与贴现空档一块加以综合管理，如果在票据到期日前需要票据贴现，却因为没有贴现空档而引致周转困难，那不是很可惜吗?

其实，不仅应付票据会发生退票，应收票据遭退票的危险性也是很大的。一般来说，银行承兑汇票几乎没有风险，支票与商业承兑汇票的风险就大一些。若应收票据无法兑现也必然影响资金周转。因此在制订资金周转计划时，可对应收票据的收款依据不同风险程度加以标识，以做好应对之策。**若想做到料“敌”先机，就应掌握好应收票据的到期日**。这里的“敌”指的是资金紧张这一公司发展之敌。

在科学管理应收票据、应付票据的到期日的基础上，在资金周转较为紧张的时候，有时不妨求助于资金日周转表。但并不是所有的公司或所有的时候均需编制资金日周转表。只是在资金收支集中的时期，或者以日为单位才能较安全地调度资金、不遭退票的情况下，编制资金日周转表是很有意义的。一般来说，资金日周转表具有预测的性质，因此实际运行结果与表所列可能还有差异，对表进行修改调整也是应做的事情。实际上日资金周转表的格式与月资金周转表并没有多大差别，只是计量日期缩短罢了。

管好应收账款，加快资金流通

应收账款是企业应收项目中的主要内容，是企业的主要债权。应收账款的管理则是公司应收资金回收与流通的重要环节。

在企业经营中，为了吸引客户，企业往往以赊销方式销售产品，然而这样却会使企业处于两难境地：一方面企业希望扩大销售，增加收入；另一方面，应收账款的不断增加，使企业资金回收困难加剧，增大企业的经营风险。如何防范坏账的出现是企业管理应收账款的重中之重。

企业在必要的时候，也可以通过变现来取得急需的资金。如抵借和让售应收账款等。这样做虽然可以为企业取得资金，但企业也要额外付出费用，因此，不到迫不得已，不宜将应收款变现。

一、强化管理，及时地收账

应收账款是企业因赊销产品或劳务而形成的应收款项，是企业短期投资的重要组成部分。将资金投资于应收账款，能增加企业的市场竞争能力，增加销售额，但如应收账款过多，也会增加成本，减少收益。所以，必须加强对应收账款的管理。

1. 管理应收账款是加快资金流通的重要途径

(1) 应收账款的功能

应收账款的功能是指它在生产经营中的作用，主要有以下几点。

①增加销售。在西方，市场竞争十分激烈，为了增加销售，以获取更多的利润，企业一般都采用赊销的策略，这就必须对应收账款进行投资。

②扩大市场占有率或开拓新市场。企业为了扩大市场占有率或开拓新的市场，一般都采用较优惠的信用条件进行销售，以增加竞争能力。**当企业力图占领某一市场时，就可能把有利的信用条件当做一种工具来增加其市场份额。**

③减少存货。季节性企业在销售淡季一般存货积压较多，企业持有存货，要支付管理费、财产税和保险费等成本；相反，企业持有应收账款则无须支付上述费用。季节性企业在淡季一般都采用较为优惠的条件进行销售，以便把存货转化为应收账款，降低各种费用支出。

(2) 应收账款的成本

持有一定数量的应收账款，必然有成本支出，主要包括如下三类。

①持有应收账款的机会成本。企业资金如果不投于应收账款，就可用于其他投资，如有价证券，取得一定的利息收入。**这种因投资于应收账款而放弃其他投资而减少的收入，就是应收账款的机会成本。这种机会成本一般按有价证券利息率计算。**

②应收账款的管理成本。应收账款的管理成本主要包括：

- 顾客信用状况调查的费用；
- 收集各种信息的费用；
- 应收账款的核算费用；
- 应收账款的收款费用；
- 其他管理费用。

③坏账损失成本。由于各种原因，应收账款总有一部分不能收回，这就是坏账损失成本，它一般与应收账款的数量成正比。

（3）影响企业收账政策因素

经济状况、产品定价、产品质量和企业信用政策是企业应收账款水平的主要影响因素。前三项基本上都不是财务部门所能控制的，但财务部门可以通过制定适当的信用政策来提高销售和利润。

需要考虑的收账政策因素包括如下几方面。

- 所接受应收账款的质量。即客户信用程度的高低，偿付能力的好坏。
- 信用期间。即企业允许客户从购货到支付货款的时间限定。
- 现金折扣政策。即企业给予客户的较早付款所能享受的销售和采购价格折扣百分比。
- 收账程序。即企业为收账所采用的信函、电话催问、个人访问和法律行动等措施。

较为宽松的收账政策能帮助企业吸收更多的客户，促进销售；但过于宽松的收账政策还可能使客户不大注意准时付款。**因此，制定一套经济适当的收账政策是需要仔细斟酌的。**

2. 对应收账款的分析与控制措施

对于已经发生的应收账款，企业应进一步强化日常管理工作，采取有力的措施进行分析、控制，及时发现问题，提前采取对策。这些措施主要包括应收账款追踪分析、应收账款账龄分析、应收账款收现率分析和应收账款坏账准备制度。

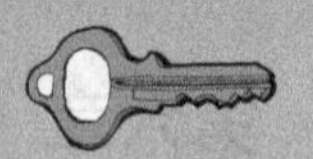

(1) 应收账款追踪分析

应收账款一旦为客户所欠，赊销企业就必须考虑如何按期足额收回。要达到这一目的，赊销企业就有必要在收账之前，对该项应收账款的运行过程进行追踪分析。

当然，赊销企业不可能也没有必要对全部的应收账款都实施追踪分析。**在通常情况下，赊销企业主要应以那些金额大或信用品质较差的客户的欠款作为考察的重点。**如果有必要并且可能的话，赊销企业亦可对客户（赊购者）的信用品质与偿债能力进行延伸性调查和分析。

(2) 应收账款账龄分析

应收账款账龄分析，即应收账款账龄结构分析。所谓应收账款的账龄结构，是指各账龄应收账款余额占应收账款总计余额的比重。

企业已发生的应收账款时间长短不一，有的尚未超过信用期，有的则已逾期拖欠。一般来讲，逾期拖欠时间越长，账款催收的难度越大，成为坏账的可能性也就越高。**因此，进行账龄分析，密切注意应收账款的回收情况，是提高应收账款收回效率的重要环节。**

对于不同拖欠时间的账款及不同信用品质的客户，企业应采取不同的收账方法，制定出切实可行的不同的收账政策和收账方案。对可能发生的坏账损失，需提前做好准备，充分估计这一因素对企业损益的影响；对尚未过期的应收账款，也不能放松管理、监督，以防发生新的拖欠。

(3) 应收账款收现率分析

应收账款收现保证率是为适应企业现金收支匹配关系的需要，所确定出的有效收现的账款所占全部应收账款的百分比，是二者应当保持的最低比例。公式为：

$$\text{应收账款收现保证率}=\frac{\left(\text{当期必要现金支付总额}-\text{当期其他稳定现金流入额}\right)}{\text{当期应收账款总额}}$$

式中的其他稳定可靠现金流入总额是指从应收账款收现以外的途径可以取得的各种稳定可靠的现金流入数额，包括短期有价证券变现净额，可随时取得的银行贷款额等。

应收账款收现保证率指标反映了企业既定期间预期现金支付数量扣除各种可靠、稳定的来源后的差额，必须通过应收账款项有效收现予以弥补的最低保证程度，其意义在于：应收账款未来是否可能发生坏账损失对企业来说并非最为重要的，最关键的是实际收现的账项能否满足同期必需的现金支付要求，特别是满足具有刚性约束的纳税债务及偿付不得展期或调换到期债券的需要。

(4) 应收账款坏账准备制度

无论企业采取怎样严格的信用政策，只要存在着商业信用行为，坏账损失的发生总是不可避免的。因此，遵循谨慎性原则，对坏账损失的可能性预先进行估计，并建立弥补账损失的准备制度，即提取坏账准备就显得极为必要。

同坏账损失的确认一样，坏账准备金的提取，比率也可由企业自行决定。

3. 回收应收账款的方式与应注意的问题

(1) 回收应收账款的方式

企业回收应收账款一般包括两种方式：

- 收受现金、票据等
- 与客户债务相抵扣

除了零售商之类以现金交易为主体的公司之外，一般的公司出售商品时，都以应收账款记入销售的金额，而应收账款通常在一定的期间内会收回。

应收账款的回收，通常可分为现金（例如月底结算，第二个月的10日支付，或以即期支票支付）或票据（如每月15日结算，月底再签发60天的期票）的方式。而比较特殊的例子是，与客户的债务（应付账款、预收款、押标金、贷款、销货退回、费用等）相互抵扣的方式。

发生应收账款后，客户的状况可能有所变化，对于该笔账款的回收可能会产生质疑。例如，票据拒付或遭受重大事故或灾害。如果确定无法收回该笔应收账款时，就必须以坏账损失处理。在每一会计期间的期末，估计各期所应负担的坏账损失，并提列坏账，即做成借记“坏账损失”，贷记“备抵坏账”之分录。待确定应收账款无法收回时，再行借记“备抵坏账”，贷记“应收账款”。

(2) 申请应收账款应注意的问题

企业在售出商品、产品或提供劳务后，对于应收的款项，必须向对方申请给付。

记载交易内容的各种原始凭证，都已送回开立请款单的部门，所以根据交货传票检查出货等内容后，应做成请款单交付于客户。**这时候，从内部牵制制度来讲，内容的检查与开立请款单必须由经办者以外的人来执行。**

在办理应收账款申请手续时，应着重注意以下六个方面：

- 所有的销货，都应依规定的基准开立请款单，适时且正确地交付客户；
- 核查请款单的内容（数量、单价、金额、回收条件等）保证与订单、单价表相符；
- 请款单应事先编号，而且确切地管理申请用的纸张；
- 开立请款单的部门，应与客户分户总账记账者或销售经办部门分开而独立作业；
- 请款的开立时期，应有一定的期间；
- 为防止重复，对于再请款应有一定的规定。

(3) 回收应收账款应注意的问题

企业在回收应收账款时应注意以下几点。

①收款经办者不得兼办下列业务。

- 送货单的做成与请款单的开立；
- 对客户分户总账与收款的分类账的记账；
- 对折让、回提、销售费用、赔偿费用的认可；
- 不良债权对偿还之认可；
- 邮件的开封。

②派遣收款人时，应注意下列几点。

- 是否对收款人进行身家调查，是否有保证人制度；
- 未使用（未收款）的收据，是否立刻送回开立部门；
- 是否要付款人在收据存根上证明支付的金额。

③相互抵扣的收款，必须经由主管的认可才能开立收据。

④开立临时收据时，应有一套完善的管理体制，以防止不当、错误等情况发生。

在内部牵制方面，应收账款的回收工作，可以说是必须非常小心的业务之一。**特别是在派收款人前往收款的情况中，对于上述的管理，更应十分留意。**

用相互抵扣的方式收款，是属于较特殊的例子。必须根据以往交易的来龙去脉来判断是否可行，因此，在开立收据之前，必须取得主管的认可。

4. 回收应收账款的技巧

(1)“5C”系统评价客户资信

信用标准是企业为客户提供商业信用所应具备的最低条件。

企业在制定信用标准时，必须对客户的资信程度进行评价，然后根据客户的信用等级来确定是否给予客户信用优惠。通常评价客户资信程度的常用方法被称为“5C”评价法。

“5C”评价系统是指：Character（信用品质）、Capacity（偿付能力）、Capital（资本）、Collateral（抵押品）、Conditions（经济状况）。

①Character（信用品质）。信用品质是指客户履约或赖账的可能性，这是决定是否给予客户信用的首要因素。**这主要通过了解客户以往的付款履约记录进行评价。**

②Capacity（偿付能力）。客户偿付能力的高低，取决于资产特别是流动资产的数量、质量（变现能力）及其与流动负债的比率关系。判断客户的偿付能力，要注重对资产质量即变现能力以及负债的流动性进行分析。

③Capital（资本）。资本反映了客户的经济实力与财务状况的优劣，

是客户偿付债务的最终保证。

④Collateral（抵押品）。抵押品即客户提供的可作为资信安全保证的资产。能够作为信用担保的抵押财产，必须为客户实际所有，并且具有较强的变现能力。

⑤Conditions（经济状况）。经济状况是指不利经济环境对客户偿付能力的影响以及客户是否具有较强的应变能力。

(2) 巧定信用期间

信用期间是企业允许客户从购货到支付货款的时间限制。企业产品销售量与信用期间之间存在着一定的依存关系。**通常，延长信用期间，可以在一定程度上扩大销售量，从而增加毛利**。但不适当地延长信用期间，会给企业带来不良后果：一是使平均收账期延长，占用在应收账款上的资金相应增加，引起机会成本增加；二是引起坏账损失和收账费用的增加。

因此，企业应否给客户延长信用期限，应视延长信用期间增加的边际收入是否大于增加的边际成本而定。

例 一企业将信用条件由“net30”改为“net60”，将信用期间由30天增加到60天。改变信用期间后企业增加收益72 000元，相应增加成本为48 000元，增加销售部分的获利能力在抵消增加的应收账款的机会成本后还有剩余。因此，这项信用期间的调整是值得的。

(3) 现金折扣政策

企业为了加速资金周转，及时收回货款，减少坏账损失，往往在延长信用期限的同时，采用一定的优惠措施，即在规定的时间内提前偿付货款的客户可按销售收入的一定比率享受折扣。**现金折扣实际上是产品售价的扣减。**

企业究竟应当核定多长的现金折扣期限，以及给予客户多大程度的现金折扣优惠，必须将信用期限以及加速收款所得到的收益与付出的现金折扣成本结合起来考察。

当加速收款带来的机会收益能够绰绰有余地补偿现金折扣成本，企业就可以采取现金折扣或进一步改变当前的折扣方案。

当加速收款的机会收益不能补偿现金折扣成本时，现金折扣政策便被认为是不恰当的。

例 “3/10、2/20、N/45”意思是：在45天的信用期限内，客户若能在开票后的10日内付款，可以得到3%的现金折扣；若超过10日而能在20日内付款时，也可以得到2%的现金折扣；否则便只能支付全额账面款项。

（4）收账程序

收账程序是指当客户违反认用条件，拖欠甚至拒付账款时企业所采取的收账策略。

欠债还钱本是天经地义，是企业合法权益要求所在。企业总想尽快收回账款，但如果将所有客户拖欠或拒付账款的行为均诉诸法律解决往往并不是最有效的办法，因为企业最终目的在于怎样最有成效地将账款收回，而不是争论谁是谁非。

通常企业采用的收账程序是怎样的呢？

- 分析现有信用标准及信用审批制度有无纰漏。
- 重新对违约客户的资信等级进行调查、评价。
- 对于信用品质恶劣的客户应当从信用名单中排除，对其拖欠款项可先通过信函、电讯或者派员前往等方式进行催收。
- 对于采用上述措施无效的客户，可通过法院裁决。为了提高诉讼效果，可以与其他企业联合起诉、以增强该客户信用品质不佳的证据力。

注意，对于拖欠的应收账款，企业无论采用何种方式进行催收，都需要付出一定的收账费用，如邮电通讯费、派人催款的差旅费、法律诉讼费等。因此，企业在使用该程序时应权衡好利弊。

5. 应收账款变现的技巧

公司在日常经营管理中，如需购进一批原材料、急需预支一笔订货款等，常会面临暂时性的现金周转困难。当手头只有一批应收账款时，如何使用好这批应收账款，使之灵活变现以解燃眉之急呢？在公司理财中，我们常使用应收账款变现换钱，会计上称为应收账款的融通。

在金融业比较发达的情况下，因业务需要，企业出现暂时性资金紧缺也属正常，当不能及时从银行取得信用借款或以其他财产抵押借款时，可以利用应收账款的融通业务筹集所需资金。**而所谓应收账款的融通，也正是企业通过应收账款的抵借或让售等方式筹集资金的行为。**

在比较活跃的资金市场，会产生一些专门从事资金融通业务的机构，通过收购股票、债券等形式，向企业提供资金；也可能通过收购企业的应收账款或以企业的应收账款和抵押面向企业提供资金。我们把这种机构称为信贷公司。无论是应收账款的抵借，还是应收账款的让售，企业都必须与信贷公司签订有关的合同，明确规定双方的权利和责任。

下面将逐一详细介绍应收账款临时变现的两种技巧。

(1) 采用让售应收账款的方式可以取得资金

公司在让售应收账款时应与信贷机构签订应收账款让售合同，让售合同主要是规定手续费、利息、信贷公司的扣留款等事项。

①手续费一般按扣除最大现金折扣后的应收账款净额的一定比率计算。比率大小根据收回账款的工作量和承担的风险程度加以确定，一般在1% ~5%。

②扣留款是信贷机构为了应付销售退回、折让以及其他需要减少应收账款的事项而从应收账款总额中扣留的部分，类似于保证金。其扣留比率应由让售企业与信贷机构协商确定，一般不超过应收账款总额的20%。

③利息是企业因筹措资金而负担的资金使用费，一般按筹资数额、规定的利息率以及自资金筹措日至收回收账款前一日的实际天数计算。

在会计核算上，企业应设置“应收信贷公司款”及“应收扣留款”等科目核算应收账款的让售业务。企业让售应收账款时，借记“财务费用”(手续费)、“应收扣留款”(扣留款)、“应收信贷公司款”(可筹款限额)等科目，贷记“应收账款”科目。实际筹款时，按实际筹措现金款额借记“银行存款”科目，按负担的利息借记“财务费用”科目，按实际使用的可筹款限额贷记“应收信贷公司款”科目。

若发生销货折让、销货退回等业务时，借记“产品销售收入”等科目，贷记“应收扣留款”科目。企业收到信贷公司退回的未用、多余的扣留款时，借记“银行存款”科目，贷记“应收扣留款”科目。

（2）采用应收账款抵借方式可以取得资金

一般来说，企业以应收账款抵借方式取得借款时，抵借合同主要是规定借款限额和借款期限。借款限额是企业可以取得的最高借款额，借款限额以外的部分，主要是为应付销货折扣、销货退回、销货折让等事项，并用以支付部分或全部贷款利息。企业在借款限额和借款期限内可随时取得借款。借款限额一般按应收账款金额一定比率计算确定。比率的大小根据赊购方的信誉程度以及借款企业的财务状况等因素确定，一般在30%～80%不等。其中，以总价法核算应收账款的，比率稍低；以净价法核算应收账款的，比率相同。**借款利息一般根据实际取得的借款额按日计算**。

企业以应收账款作抵押取得借款，可能只将应收账款作抵押，也可能在应收账款作抵押的同时，以开具票据的方式做出还款的承诺。无论哪种方式，只是以应收账款作担保、应收账款抵借后，并不改变应收账款的所有权，因而也就不需要通知赊购方。待企业收到应收账款后，再将借款归还信贷公司，并支付一定的利息。

会计处理上，企业应设置“抵借应收账款”科目，用以核算用于抵借的应收账款的账面价值。对于企业从信贷公司的借款，应通过“信贷公司借款”科目核算；如果企业在取得借款的同时对信贷公司开具了有关票据，则应通过“应付信贷公司票据”科目进行核算。

将应收账款抵借时，按用于抵借的应收账款的账面金额，借记“抵借应收账款”科目，贷记“应收账款”科目。取得借款时，按借款额借记“银行存款”科目，贷记“信贷公司借款”或“应付信贷公司票据”科目。

收到抵借的应收账款时，借记有关科目，贷记“抵借应收账款”。归还信贷公司借款并支付利息时，按归还借款的本金借记“信贷公司贷款”或“应付信贷公司票据”科目，按支付的利息借记“财务费用”科目，按本息合计金额贷记“银行存款”科目。

6. 做好应收票据贴现工作

（1）什么是票据

应收票据作为一种债权凭证，从广义上讲应包括企业持有的未到期兑现的汇票、本票和支票。但在实务中，这些均为见票即付的票据。**因此，应收票据就是企业持有的、未到期或未兑现的商业汇票。**又由于法律规定商业汇票的期限不得超过六个月，因此，我国的应收票据是一种流动资产。

商业汇票的种类大致如下。

①按票据是否带息，可分为带息票据和不带息票据两种。

②按票据承兑人不同，可分为商业承兑汇票和银行承兑汇票两种。

承兑是汇票付款人承诺在汇票到期日支付汇票金额的票据行为。商业汇票必须经承兑后方可生效。顾名思义，银行承兑汇票的承兑人是承兑申请人的开户银行，而商业承兑汇票的承兑人是付款人。

③按照票据是否带有追索权分类，商业汇票分为带追索权的商业汇票和不带追索权的商业汇票两种。

追索权是指企业在转让应收款项的情况下，接受应收款项转让方在应收款项遭拒付或逾期时，向该应收款项转让方索取应收金额的权利。在我国，商业票据可背书转让，持票人可以对背书人、出票人以及票据的其他债务人行使追索权。

（2）怎样对应收票据计价

应收票据按一年为限来划分，可分为短期应收票据和长期应收票据；应收票据按是否计息来划分，可分为带息票据和不带息票据两种。**带息票据指注明利率及付息日期的票据，短期票据可于到期日一次付息，不带息票据到期按面额支付。**

应收票据入账的计价方法有两种：①按票据面值入账；②按票据到期日的现值入账。

我国现行制度规定，应收票据采用按面值计价入账。这是因为，我国商业票据期限较短，利息金额不大，已将利息包括在票面金额之内，很少采用长期应收票据。

不带息应收票据会计处理如下：

- 取得票据时，借：应收票据

  贷：主营业务收入、应收账款等

- 兑付票据时，借：银行存款

  贷：应收票据

带息应收票据会计处理如下：

应收票据利息 = 票面金额 × 利率 × 时间

- 取得票据时，借：应收票据

  贷：主营业务收入（应收账款等）

- 兑付票据时，借：银行存款

  贷：应收票据

财务费用（利息）

(3) 怎样确认应收票据到期日

商业汇票的持票人在票据到期日可向承兑人收取票据款。商业汇票自承兑日起生效，其到期日是由票据有效期限的长短来决定的。在实务中，票据的期限一般有按月表示和按日表示两种。

票据期限按月表示时，不考虑各月份实际天数多少，统一按次月对日为整月计算。当签发承兑票据的日期为某月月末时，统一以到期月份的最后一日为到期日。如 3 月 2 日签发承兑的期限为 6 个月的商业汇票，其到期日为 9 月 2 日；1 月 31 日签发承兑的期限为 1 个月、2 个月、3 个月和 6 个月的商业汇票，其到期日分别为 2 月 28 日（闰年为 2 月 29 日）、3 月 31 日、4 月 30 日和 7 月 31 日。**票据期限按月表示时，带息票据的利息应按票面金额、票据期限（月数）和月利率计算。**

票据期限按日表示时，票据的期限不考虑月数，统一按票据的实际天数计算。在票据签发承兑日和票据到期日这两天中，只计算其中的一天。如 3 月 2 日签发承兑的期限为 180 天的商业汇票，其到期日为 8 月 29 日；1 月 31 日（当年 2 月份为 28 天）签发承兑的期限为 30 天、60 天、90 天的商业汇票，其到期日分别为 3 月 2 日、4 月 1 日、5 月 1 日。票据期限按日表示时，带息票据的利息应按票面金额、票据期限（天数）和日利率计算。

(4) 应收票据变现技巧

企业持有的应收票据在到期前，如果出现资金短缺，可以持未到期的银行承兑汇票向其开户银行申请贴现，以便获得所需要的资金。

所谓应收票据的贴现即是指票据持有人将未到期的票据在背书后送交银行，银行受理后从票据到期值中扣除按银行贴现率计算确定的贴息，然后将余额付给持票人，作为银行对企业的短期贷款。

票据贴现实质上是企业融通资金的一种形式，银行要按照一定的利率从票据价值中扣除贴现利息。**背书的应收票据是此项借款的担保品。**

应收票据贴现过程一般遵循以下步骤。

①计算应收票据到期值。

②计算贴现息和贴现款。

贴现息 = 票据到期值 × 贴现率 × 贴现期

贴现净额 = 票据到期值 − 贴现息

③入账。

a. 有息票据会计处理。

借：银行存款（贴现净额）
　　贷：财务费用（贴现息）
　　　　应收票据（本金）

b. 无息票据会计处理。

借：银行存款（贴现净额）
　　财务费用（贴现息）
　　贷：应收票据（本金）

（5）票据贴现的会计处理

①不带息应收票据贴现的会计处理。

例　某公司于1998年3月1日取得面值为10 000元、3个月到期的不带息应收票据，当年4月1日即票据到期前两个月，该公司持有该票据向银行贴现，银行的贴现率为12%。

票据到期值 = 票据面值 10 000（元）

贴现息 $= 10\,000 \times 12\% \times \frac{2}{12} = 200$（元）

贴现净额 $= 10\,000 - 200 = 9\,800$（元）

会计处理如下：

借：银行存款　　9，8 00

　　财务费用　　200

　　贷：应收票据　　10 000

(2) 带息应收票据贴现的会计处理。

上例中，若应收票据为带息票据，年利率为 10%。

票据到期值 = 10 000 × (1 × 10% × 3/12) = 10 250 (元)

贴现息 $= 10\ 250 \times 12\% \times \frac{2}{12} = 205$ (元)

贴现净额 = 10 250 − 205 = 10 045 (元)

会计处理如下：

借：银行存款　　10 045

　　贷：应收票据　　10 000

　　　　财务费用：　　45

③不带追索权的票据贴现的会计处理。上述两种处理方式。

④带追索权的票据贴现的会计处理。对于带追索权的票据贴现，当票据的主债务人不按期付款时，因贴现企业承担保证贴现票据获按期支付的责任，银行可以向贴现企业追索。在这种情况下，贴现企业有或有负债。过去，或有负债一直通过财务报表脚注揭示，近年来，表示揭外表内化的呼声越来越高，因而在贴现时，贴现企业不宜直接贷记“应付票据”科目，而应单独设立“应收票据贴现”科目，作为“应收票据”科目的备抵科目，用于登记已向银行贴现的应收票据的贴面价值，待贴现票据到期收回票款后，再将两个科目对冲转销。

例　甲企业销售一批产品给乙企业，乙企业开出商业承兑汇票一张，出票日为 2 月 1 日，到期日为 8 月 1 日，票面价值为 10 万元，票面利率为每年 6%。甲企业持有 2 个月后，由于资金紧张，遂将票据向银行贴现，银行贴现息为每月 1%。

票据到期值 = 100 000 + 100 000 × 6% ÷ 12 × 6

　　　　　 = 103 000

贴现息 = 103 000 × 1% × 4 = 4，120

贴现净额 = 103 000 − 4，120 = 98 880

票据账面价值 = 100 000 + 100 000 × 6% ÷ 12 × 2

= 101 000

a. 贴现时，企业作如下会计分录：

借：银行存款	98 880	
财务费用	2 120	
贷：应收票据贴现		101 000

b. 8 月 1 日，乙企业偿还全部票据款，作会计分录：

借：应收票据贴现	101 000	
贷：应收票据		101 000

c. 8 月 1 日，若乙无力还款，银行以甲企业账户中划走 103 000 元，作会计分录：

借：应收票据贴现	101 000	
贷：应收票据		101 000
借：应收账款	103 000	
贷：银行存款		103 000

二、先礼后兵，追讨债款

1. 遵循正确的讨债原则

清债成功与否，除了动用各种手段、采用不同方式外，讲究一些讨债策略，在双方主、客观条件相近的情况下，能起到争取主动、化难为易、化险为夷、事半功倍的作用。在具体的讨债实践中，运用讨债策略应遵循以下原则：

(1) 周密计划原则

决胜千里之外，先须运筹帷幄之中。正所谓兵马未动、策略先行。在准备工作方面，看是否充分，可从以下几方面考虑：

- 我方能抓住对方哪些要害问题使其还账；
- 我方有何违约、失误、失策之处，易被对方抓住；
- 对方可能强调哪些拖欠、拒付理由借口，能否一一驳倒；
- 哪些力量、关系渠道可借助、利用，促使我方清债成功；
- 对方最怕什么部门；
- 对方态度、身份住址、厂址、厂境、隶属关系，在短期内是否可能发生质的突变；
- 对方有否履约还债的诚意、能力。软磨是否无济于事？强逼是否会造成执行困难？
- 今后是否保持业务关系，从此公开为“敌”还是继续友好往来，打官司所用材料、证据是否齐备、真实；
- 对方用以抵债货物是否适销。

准备阶段，彼此表面友好，暗中抓紧摸底尽量多方取证，收集今后催讨、诉讼可能用得上的证据材料。

（2）礼兵结合原则

清债人员振振有词，咄咄逼人，是理直、义正的表现，有较大威慑效果和瓦解作用。以不伤害对方自尊、体面为前提多说几句，调子高些无妨。

清债文书、催债函等要落笔简洁用词严谨，不可多写一个字。避免为了显示文才而节外生枝。清债函发出后，十天无复再发一次函，可连续数次，用词语气逐渐升级，每次都注明是第几次催讨。起诉前先使对方理亏一等。

上门清债要搭配好班子角色，可一个人唱白脸，一个人唱红脸。文的要口齿清楚，“粘”功足，把利弊理由说透，有舌战群儒之智勇；武的要咙咙响，“拼”劲足，得理寸步不让。债务人有时会折服于一文一武而爽快承认偿债，有时会因不胜纠缠而慨然归还货款。

（3）攻其薄弱原则

一般懂法知理者会识时务而还债，但多数情况是对方厂长、经理似乎谁也不怕。仔细揣摸，真正欠债不还的企业法定代表总有一二项要怕的事情。如：

- 怕上法院当被告，大失领导体面、尊严；
- 怕报纸、电视台曝光；
- 怕上级知道，失宠、丢官；
- 怕银行知晓，收贷、停贷、冻账户，资金集滞，工资难发；
- 怕客户同行知道，跑了业务、断了商路、失了销路；
- 怕职工知道，影响士气、军心，乱了生产、营业秩序；
- 怕亲友知道，老婆啰唆，恋人变卦，邻居嘲讽，同学、同行笑话；
- 怕“东窗事发”，判刑受惩罚（指有受贿、假冒等行为者）；
- 怕公司倒闭（指正在审计、整顿、清理的不正常经营单位）；
- 怕公安机关查处（指有诈骗、伪造证件、批文、印鉴等违法行为者）。

对方究竟怕什么，需根据不同形势、不同性质和对象的不同个性、境况进行具体分析，采取相应对策。

目前工商界可谓大起大落，很难预料。**债权人必须在市场预测、行情分析、掌握情报的基础上定清策略。**在先估计到行情不利或下跌的情况下，一般应该以约定期限内不罚利息、不要或少要违约金。对已经起诉的，也可适当减少赔偿运杂费、差旅费之类的诉讼请求，力求促使债务人早清债务。

2. 成功讨债的八大高招

为摆脱债务问题的困扰，许多公司都在苦苦寻觅讨债对策。下面是有关专家为你总结出的八种讨债方式。

(1) 公关手段

讨债人和债务人彼此之间的关系是否和谐、融洽对讨债行为能不能达到预期的目的有极大的影响。如果双方之间关系融洽，那债务人和讨债人就可以心平气和地坐在一起相互讨论，互相协调有关债务的履行的事情；反之双方不但不能坐下来互相协商，债务人为抵制讨债人而出的难题，还会给讨债人增添许多烦恼和忧患。**讨债人是否能与债务人建立起融洽的关**

系，关键在于他的公关能力。

公关手段不同于行政手段、经济手段和法律手段，是有计划的公关活动，是通过改变债务人到期不履行债务的态度，促使债务人还债。

欧洲的一位公关经理曾对公关手段做了一个形象深刻的比喻，他说："公共关系好比一个年轻人追求情侣，其方法是多种多样的，他可以任选其一。努力把自己打扮得漂亮一点，使自己的言行举止风度翩翩，也算是一种吸引对方的方法，不过这仍然算不上是公共关系，而与广告差不多。如果这个年轻人经过一番周密的研究和思考，制定出一个详细的行动计划，然后自己埋头苦干，将计划付诸实际，用自己的行动成绩赢得别人的赞扬，然后再借他人的口将对自己的称赞传递开去，这就是公共关系。"

从这位公关经理的比喻里我们应当体会出，运用公关手段讨债最重要的是讨债人必须有一整套可能的行动计划。公关手段当然离不了社交、宣传等活动，讨债人的公关手段应当是一个包括社交、宣传、谈判等具体活动的有计划的以诱导债务人清偿债务为目的的活动。

(2) 利用行政干预

所谓利用行政干预手段帮助实现讨债，是指讨债人（或债权人）在讨债的过程中，经过自己努力的工作，取得债务人的上级主管部门的同情与支持，进而通过债务人的上级领导机关对债务人进行说服教育，劝其尽快履行债务。

由于国家行政机关特别是企业或者法人的主管部门既负有为企业服务的义务，同时又享有对企业进行宏观管理和监督的权利，讨债人或债权人在讨债时遇上障碍，自己不能采取合适的办法或有效的措施促使债务人履行债务时，就可以利用债务人（企业）的主管部门所享有的权利，去争取债务人（企业）的上级主管部门的同情与支持，通过主管部门和企业之间所拥有的特殊关系，请求债务人的主管部门帮助督促债务人履行债务合同。

(3) 利用金融机构的监督职能

我国法律规定：凡是法人之间的经济往来，除国家规定允许使用现金的以外，都必须由国家银行或信用社转账结算。这一规定，使国家银行对企业的经济往来具有结算管理的职能。

根据国家银行所具有的结算管理职能，讨债人或债权人如果经过自己的努力仍不能同债务人协商解决债务纠纷，不能促使债务人履行债务，那么债权人即可向国家申请帮助，通过与债务人有信贷关系的银行向债务人催讨债务。如果债务人对银行帮助讨债人催讨债务的行为视若无睹，对银行的劝解、说服置若罔闻，仍然坚持无故拖欠债务，这时，银行即有权进行扣款，替债务人清偿债务，以满足债权人的需要。

我国法律还规定国家银行具有协助执行的职能。国家银行所具有的协助执行职能主要是指我国的经济合同纠纷案件经国家仲裁机构或人民法院调解、仲裁已经产生法律效力之后，当事人一方仍然未在规定时间内履行其义务，另一方当事人则可以向人民法院提出申请，由法院通过有关的银行或信用合作社协助执行已经发生法律效力的调解书、仲裁决定书、判决书，从债务人在银行的账户里强行扣款或者拨款以偿付债务人所欠债权人的债务。

讨债人懂得以上两点，对他顺利地完成讨债任务很有帮助。因为在我国，企业不分大小，很少有不和银行打交道的。所以，讨债人通过银行的帮助实现其讨债目的在多数情况下不失为有效的手段。

另外我国有关信贷政策还规定，信贷的基本原则之一是计划择优原则，即在银行发放贷款的过程中，应当遵守按照国家计划择优放贷的原则。

根据这一原则，经营状况好、信用好、按期履行经济合同的企业就可能从银行获得较多的贷款支持；反之，企业就得不到银行的支持。讨债人如果了解了这一原则，并能够争取得到银行的支持，通过银行这个渠道帮助督促债务人清偿债务也是很管用的一招讨债技巧。

(4) 运用经济抗衡

讨债中所谓经济抗衡手段是指债权人在讨债过程中根据双务合同（即合同双方互为债务人和债权人）应当同时履行的原则，针锋相对地迫使债务人履行债务的办法。

现实经济往来中的合同，多数都是双务合同，即债权人同时又是债务人，债务人同时也是债权人，比如在期货交易中，买卖双方你欠我物，我欠你钱，彼此互相欠债。如果对方负有先行给付的义务，则要针锋相对地抗衡，直到对方遵照合同规定先行给付为止。

这种利用经济抗衡讨债的办法有些讨债人称之为“自动电话”原则。大家都知道，不塞硬币进去，你就不能使用自动电话，因此，人们从来都不会打自动电话而不付钱。将此原则推而广之，用在讨债上，也就可以迫使债务人改变态度，放弃故意拖欠债务或赖债的打算，及时履行债务。

有一点要特别提醒一下讨债人，那就是在运用经济抗衡手段追讨债务时要特别注意掌握好分寸。

(5) 运用中断合作关系方式

随着我国社会化大生产的程度越来越高，生产社会化的一个重大特点就是任何一个生产厂家，任何一个经济实体都不可能单独从事生产，都不可能单独存在，它必须在与其他的生产厂家、其他的经济实体的相互协作中得以生存和发展。

而且，社会的商品经济越发达，社会分工越精细，各个生产厂家、经济实体及社会成员之间的相互依赖、相互协作的程度就越强，以至于整个社会物质的乃至精神的生产、供应、运输销售已经形成了一个相互依存、缺一不可的循环系统，哪一环都不能少，哪一环都不能出现重大失误，否则就将严重影响其他环节。

彼此之间存在相互依赖、互相协作、互相制约的关系，根据这一特点，讨债人在讨债过程中，就可以利用中断协作关系而迫使违约不履行债务的一方尽早清偿债务，从而使讨债人“跪着讨债”的被动局面有所改变。

在这种情况下，债务人如果不尽快向债权人清偿债务，那么他自己就将因债权人中断其协作关系而遭受更大的损失，特别是在双方达成有短缺物资长期协作的协议时，讨债人用其他办法解决不了的债务问题，用此办法会显得比较“灵验”。

需要提醒的是，运用中断协作关系的手段迫使债务人履行债务，一定要掌握好法律界限，就如同运用经济抗衡手段讨债一样，稍不注意，债权人或讨债人便反被债务人追讨违约金或赔偿损失。**特别是如果债权人与债务人签有合同，更应当慎重看待。**

(6)“输血”扶植方式

在现实经济生活中，大多数债务人在有能力履行债务合同的情况下并非想要存心拖欠债务或者有意赖债。他们不能按期履行债务或者说欠债不还的，确实是因为客观或主观原因，造成债务人一时或者资金短缺或者是生产困难而没有能力履行债务。在这种情况下，讨债人可以对债务人实行“输血”的办法，即对债务人进行经济或者其他方面的资助，使债务人获得从事生产经营活动必不可少的血液。从而扶植债务人恢复生产并发展其经营活动，取得利润，偿还所欠债权人的债务。

债权人对债务人实行“输血”扶植通常有以下几种形式：①给予经济资助；②给予技术资助；③给予物质资助；④给予管理“软件”资助；⑤如果债权人没有时间和精力，主观上也不愿意花费时间和精力帮助债务人，那么债权人可以对债务人实施一些只有短期效应的资助或帮助，如撮合生产等。

需要特别提醒的是：债权人一定要搞清楚债务人是否值得进行“输血”扶植。倘若债务人已经是资不抵债，毫无生机，再多的“血”也不能使它起死回生，只会使债权人自己白白地遭受损失。与其这样，还不如采取其他手段，比如清偿算了。

(7) 通过仲裁

讨债所涉及的仲裁主要是经济合同仲裁。所谓经济仲裁指的是当经济合同的双方当事人因对合同的理解或执行等发生争议，双方协商不能解决，有关方面出现调解也达不成协议的时候，由国家仲裁机关依照法律、法规和有关政策，对双方的权利和义务关系做出公正的判断和裁决。我国的仲裁机关是设在各级工商行政管理局里面的经济合同仲裁委员会。

在我国的债务纠纷案例中，因经济合同纠纷所引起的债务纠纷所占比例很大。而经济合同纠纷的情况比较复杂，种类比较多，由此而产生的债务纠纷的情况也比较复杂。我们这里所讲的主要是指讨债人通过申请仲裁的方法去解决由合同纠纷而引起的债务纠纷。

并不是所有的合同纠纷都可以申请仲裁解决的。只有当债务人拒不履行合同的原因是由于对合同本身或者与合同有关的某一事或问题同债权人发生意见方面的分歧，双方协商不能达到一致，此时，方可申请仲裁。

仲裁完全是第三人的行为，因此，当讨债人申请仲裁而仲裁机关受理仲裁以后，讨债人和债务人事实上都把各自的权利和义务交给了第三人，即仲裁机关。一切结果都只有等候仲裁机关在查清事实的基础上进行的公正的裁决，且仲裁一经生效便具有法律效力。

讨债人如果决定仲裁解决，那他在熟悉仲裁程序、制度及规定的同时，还应权衡一下自己胜诉的可能性，因为仲裁庭的裁决是不以讨债人的意愿为标准的。**在仲裁庭上败诉的讨债人并不鲜见。**

（8）运用诉讼手段

在讨债过程中，对于那些不讲道理、不通商量，一心只想欠债于己有利，从而存心久欠不还，甚至想借机赖掉债务的债务人，最有效的讨债办法或许是运用民事诉讼手段请求人民法院强制债务人清偿债务。

我国人民法院对民事纠纷案件实行四级两审制，即基层人民法院、中级人民法院、高级人民法院和最高人民法院四级。

讨债人因债务人久欠不还，准备向人民法院提出诉讼，请求法院强制债务人履行债务或支付违约金、赔偿损失时，必须注意这样几个问题。

①债权人的损失必须是由债务人的责任所造成的。也就是说，如果讨债人或债权人要追究债务人的责任，那么债务人必须符合承担责任的条件。具体来说就是，如果讨债人或债权人要追究债务人因不按时履行债务合同而支付违约金的责任，那么债务人必须具备这样两个条件：一是债务人实际上有不履行债务的行为；二是债务人不履行债务行为的发生是因债务人主观的过错所造成的。

②讨债人或债权人如果想采取诉讼手段解决债务人久欠不还的债务问题，那么必须在法律规定的诉讼时效届满之前向法院提起诉讼。否则，超过法律规定的诉讼时效，将不予受理。

③讨债人或债权人向人民法院起诉，还必须按照我国法律规定的诉讼程序进行。

3. 成功讨债的七大战术

(1) 上兵伐谋

兵法云：上兵伐谋，不战而屈人之兵，上上之策也。企业在讨债时，首先要运用这一攻心为上的策略。它要求讨债人有儒将风度，以理服人。要让债务人知道，由于他欠债，已使债权人的生产经营受到了严重影响，自己已承担了很大的经济损失，如不尽快解决，自己的麻烦将越来越大。**对于债务人的讲话，要认真倾听，表示理解，但对谈话的内容，要以有利于对方理解自己的处境为准**。要做到柔中有刚。追债人要让债务人形成这样一种印象：自己很尊重和理解对方，但是，由于自身处境实在很艰难，而不得已为之；而且要暗示，法制无情，一旦闹到依法处理时，对债务人是不利的，也不是自己愿意走到这一步的。

(2) 打疲劳战

打疲劳战，是抓住债务人不放，软磨硬泡，步步紧逼，不达目的誓不罢休。运用这种讨债技巧，关键在于干扰对方的精神注意力，瓦解他的意志，使其不能正常工作和生活，对此厌烦之极，而以还债为解脱。

采用这一战术，企业的老板不必亲自出马，但是，派出的讨债人员要有坚韧不拔的毅力，有此战必胜的信心：上班在他办公室里磨，下班到他家里头泡，直到把债追回。因此，打疲劳战，脸皮要厚，毅力要强，黏性要高。

(3) 针锋相对

针锋相对的策略，是在讨债过程中，以绝不退让的强硬立场，迫使债务人让步的策略。**所谓针锋相对，就是要针对对方欠款不还的种种论点和证据，逐一驳斥，并进而坚持原定的立场。**

使用这种策略，要“锋”在理，说话切题，而不在于扯着嗓门喊。如果不切中要害，他谈他的，你讲你的，容易走火，达不到追回债款的目的。

(4) 激将法

这种策略对于一些吃硬不吃软的人特别有效。它主要是以言语刺激对方，使其感到坚持自己的观点和立场，已直接损害了自己的形象和尊严，从而动摇或改变原先所持的态度。

这种策略分为直接激将法和间接激将法两种。直接激将法，是直接刺激对方的主要领导人；而间接激将法，是通过刺激对方的助手如部门经理、总经理秘书等，借助他们的力量，而间接影响和刺激其主要负责人。无论运用哪一种方法，在具体使用时，都应注意分寸，只能巧用语言刺激对方，而不能恶语伤人，更不能用强硬的态度。语言要做到切合对方的性格特点及他的心理承受能力，而不能偏激；可以尖锐具有锋芒，但态度要和气、友善。恶狠狠的态度，非但达不到激将对方的效果，反而会激怒对方，使讨债失败。

（5）顺坡下驴

企业在讨债过程中与对方接触和谈话时，表现出对对方的申述很关注、有兴趣，甚至好像正在认真考虑对方的建议，以便诱使对方透露一些重要的信息，然后，再利用这些信息，攻击对方，以实现有利于自己讨债的目的。

运用顺坡下驴的策略，关键在于顺其自然，促使对方在自己的逻辑思维中，认为你这样提问实属应该，并无可疑之处。而且，对方在回答问题时，也感到对他自己有利，并非为了别人，这样，他便乐意回答问题。使用这一战术时，还要注意有一个滞后效应。也就是说，在一般情况下，不要得到一个有用的信息，就立即用它来反驳对方，而要让对方把话尽量说完，等到后面，甚至等到明天或后天，再使用这一信息讨债。否则，立即使用该信息，对方就会说“我的话还没有说完呢”，然后，话锋一转，反把本来对你有利的信息，说成对你不利的信息了，甚至引起对方警觉，使其不再愿意跟你说实话，而跟你绕弯子，从而导致失败。

（6）唱红白脸

唱红白脸讨债，一般需要两人以上配合，一人唱红脸做恶人，一人唱白脸做好人，软硬兼施，使对方就范。使用这种战术时要注意：

①唱红脸的人既要做到“凶神恶煞”，又要出言有理，保持良好的形象；态度强硬，寸步不让，但又处处讲理，不容分辩。外表上，不一定老

是虎着脸，更不是嗓门很高、唾沫四溅。笑里藏刀的红脸，往往更厉害。

②唱白脸的往往是企业的老板自己。这要求把住火候，让红脸有台阶下，也让债务人能顺台阶下来，达到追回债款的目的。

也有一个人使用这种策略的，他既唱红脸，又唱白脸。**这要求讨债人的素质很高，有很强的察言观色的本领，并运用自如。**声色俱厉地唱红脸的时间不宜过长，同时，说出的硬话也要注意给自己留有余地，否则，会把自己置于一个没有退路的境地。如果万一冲动说走了嘴时，要立即刹车，想办法转弯子，并以休息为借口，改日再谈。

(7) 最后通牒

这是以条件或时间作筹码，压迫对方做出最终答复的做法。在讨债谈判中，双方常常陷于僵持不下的状况。在这种情况下，讨债人可宣布某一作出小让步的新条件，或再放松还债的期限，以此作为成败的决定条件，否则，告诉对方将在法庭上相见。在这种情况下，有些债务人常慑于法律的威严，而不得不在取得债权人最后一次让步的好处前，答应债权人的要求，使讨债获得转机。

当然，在使用这种战术时，一定要注意“可信”二字。也就是说，在下最后通牒前，一定要考虑周全，做出上法庭的最坏打算。否则，就闹笑话，适得其反，不仅达不到追回债款的目的，还有损自己的名声，对今后其他的讨债工作不利。所以，这种策略，不到万不得已的时候，不要轻易使用，否则既无效果又伤感情，而且，经常上法庭对自己也很不利。

4. 因人而异的讨债策略

到什么庙念什么经，见什么人说什么话。对付债务人，也应“看人下菜碟”，因人而异制定讨债策略。

(1) 对付“强硬型”债务人采取沉默策略

这种债务人最突出的特点是态度傲慢，面对这种债务人，寄希望于对方的态度是毫无希望的，要想取得较好的讨债效果，需以策略为向导。总的指导思想是，避其锋芒，设法改变认识，以达到尽量保护自己利益的目的。具体运用形式为如下。

①沉默策略。沉默是指在讨债实践中，观看对方态度而不开尊口。这种策略对待态度“强硬型”对手不失为一个有力的清债手段。上乘的沉默策略会使对方受到心理打击，造成心理恐慌，甚至乱了方寸，从而达到削弱对方力量之目的。**沉默策略要注意审时度势、灵活运用，运用不当，效果会适得其反**。如一直沉默不语，债务人会认为你是慑服于他的恐吓，反而增添了债务人拖欠的欲望。

②软硬兼施策略。这个策略是指将清债班子分成两部分，其中一个成员扮演硬性角色即鹰派，鹰派在清债的初期阶段起主导作用；另一个成员扮演温和的角色即鸽派，鸽派在清债的结尾扮演主角。

这是清债中常见的策略，而且在多数情况下能够奏效，因为它利用了人们避免冲突的心理弱点。如何运用此项策略呢？在与债务人刚接触并了解债务人心态后，担任强硬型角色的债权人员，毫不保留地果断提出还款要求，并坚持不放，必要时带一点疯狂，酌量情势，表现一点吓唬人的情绪行为。

此时，承担温和角色的清债人员则保持沉默，观察债务人的反应，寻找解决问题的办法。等到空气十分紧张时，鸽派角色出台缓和局面，一面劝阻自己的伙伴，另一方面平静而明确地指出，这种局面的形成与债务人也有关系，最后建议双方都作让步，促成还款协议或只要求债务人立即还清欠款、放弃利息和索款费用要求。

需要指出的是，在清债实践中，充当鹰派角色的人，在耍威风时应紧扣“无理拖欠”这份理，切忌无中生有，胡搅蛮缠。此外，鹰鸽派角色配合要默契。

(2) 对付“阴谋型”债务人采取反“车轮战”策略

企业之间经济往来应以相互信任、相互协作为基础进行公平交易。但在实践中，有些人为了满足自身的利益与欲望，常利用一些诡计或借口拖欠一方债务，甚至是“要钱没有，要命一条”的无赖样。下面介绍几种对付策略。

①反“车轮战”策略。此处的“车轮战”是指债务人一方采用不断更换接待人员的方法，达到使债权人精疲力竭，从而迫使其做出某种让步的目的。对付这种战术的策略是：

- 及时揭穿债务人的诡计，敦促其停止车轮战术的运用；
- 对更换的工作人员置之不理，可听其陈述而不作表述，以挫其锐气；
- 对原经办人施加压力，采用各种手段使其不得安宁，促其主动还款；
- 紧随债务企业的负责人，不给其躲避的机会。

②“兵临城下”策略。这种策略的意思是，对债务人采取大胆的胁迫，看对方如何反应。这一策略虽然具冒险性，但对于“阴谋型”的债务人时常有效。因为债务人本身想占用资金，无故拖延，一旦被识破诡计，一般情况下会打击他们的士气，从而迫使其改变态度。

例如，催讨一笔数额较大的货款，债权人派出十多名清债人员到债务企业索款，使其办公室挤满了债权人企业的职工。这种做法必然会迫使债务人尽力还款。

(3) 对“合作型”债务人的策略

“合作型”债务人是清债实践中人们最愿接受的，因为他们最突出的特点是合作意识强，能给双方带来皆大欢喜的局面。所以对付“合作型”债务人的策略思想是：互利互惠。

①假设条件策略。即在清债过程中，向债务人提出一些假设条件，用来探知对方的意向。由于这种做法比较灵活，索款在轻松的气氛中进行，有利于双方在互利互惠基础上达成协作协议。例如：“假如我方再供货一倍，你们前面的款还多少?” “每月还款 10 万元，再送货 2 吨棉纱怎样?”等。

需要指出的是，假设条件的提出要分清阶段，不能没听清债务人意见就过早假设。这会使债务人在没有商量之前就气馁或使其有机可乘。因此，假设条件的提出应建立在了解债务人的打算和意见的基础上。

②私下接触策略。它指债权企业的清债人员或业务员等有意识地利用空闲时间，主动与债务人一起聊天、娱乐，目的是增进了解、联络感情、建立友谊，从侧面促进清债的顺利进行。

(4) 对待“感情型”债务人的策略

在国内企业中最常见的人是属于“感情型”，这性格往往易于接受。

但其实在某种程度上，“感情型”的债务人比“强硬型”债务人更难对付。“强硬型”债务人容易引起债权人警惕，而“感情型”债务人则容易被人忽视。**因为“感情型”性格的人在谈话中十分随和，能迎合对手兴趣，能够在不知不觉中将人说服。**

为了有效地对付“感情型”性格的债务人，必须利用他们的特点及弱点制定相应策略。

“感情型”性格的人一般特点是与人友善、富有同情心，专注于单一的具体工作，不适应冲突气氛，对进攻和粗暴的态度一般是回避的。

商谈时，柔弱胜于刚强。因此，要训练自己培养一种“谦虚”习惯，多说“我们企业很困难，请你支持”“我们面临停产的可能”“拖欠货款时间太长了，请你考虑解决”“能不能照顾我们厂一些”等话语。基于“感情型”的人的性格特点，会考虑还款。

①恭维策略。“感情型”的债务人有时为了顾及“人缘”而不惜代价，希望得到债权人的承认，受到外界的认可，同时也希望债权方了解自身企业的困难。因此，债权企业清债人员要说出一些让债务人高兴的赞美话，这些对于具有“感情型”性格的人来说非常奏效。如“现在各企业资金都困难，你们厂能搞得这么好，全在你们这些领导”，“像你们这个行业垮掉不少了，你们还能挺过来，很不错”，“你们对我们厂支持，我们厂是公认的”。

②选择进攻策略。在不失礼节的前提下保持进攻态度：在索款一开始就创造一种公事公办的气氛，不与对方打得火热，在感情方面保持适当的距离。与此同时，就对方的还款意见提出反问，以引起争论。如“拖欠这么长时间，利息谁承担”等，这样就会使对方感到紧张，但不要激怒对方。因为债务人情绪不稳定，就会主动回击，他们一旦撕破脸面，债权人很难再指望商谈取得结果。

(5) 对待“固执型”债务人的策略

“固执型”的债务人在清债中也常会遇到。**这些人最突出特点是坚持所认定的观点，有一种坚持到底的精神。**这种人对新的主张、建议很反感，需要不断得到上级的认可、指示，喜欢照章办事。

①试探策略。这一策略是用以摸清“敌情”的常用手段，其目的是用

来观察对方反应，以此分析其真正意图。如提出对双方不利的还款计划，如果债务人反应尖锐，那就可以采取其他方式清债（如起诉），如果反应温和就说明有余地。

运用这一策略，还可以试探固定接待或谈判人的权限范围。对权力有限的，可采取速战速决的方法，因为他是上司意图的忠实执行者，不会超越上级给予的权限。所以在清债商谈中，不要与这种人浪费时间，应越过他，直接找到其上级谈话。对权力较大的“固执型”企业负责人，则可以采取冷热战术。一方面以某种借口制造冲突，或是利用多种形式向对方施压力，另一方面想方设法恢复常态，适当时可以赞扬对手的审慎和细心。总之通过软磨硬泡的方法达成让对方改变原来想法或观点的目的。

②先例策略。“固执型”债务人所坚持的观点不是不可改变，而是不易改变。认识不到这一点，你的提议就会被限制住。为了使债务人转向，不妨试用先例的力量影响他、触动他。例如，向债务人企业出示其他债务人早已成为事实的还款协议，法院为其执行完毕的判决、调解书等。

（6）对待“虚荣型”债务人的策略

爱虚荣的人一般具有这样一些特点：自我意识较强，好表现自己，对别人的暗示非常敏感。另一方面要善于利用其本身的弱点作为跳板。

以熟悉的事物展开话题：与“虚荣型”债务人谈索款，以他熟悉的东西作为话题，效果往往较好，这样做可以为对方提供自我表现的机会，同时还可能了解对手的爱好和有关资料，但要注意到虚荣者的种种表现可能有虚假性，切忌上当。

①顾全面子策略。索款可事先从侧面提出，在人多或公共场合尽可能不提要款，而满足其虚荣心。不要相信激烈的人身攻击会使对方屈服，要多替对方设想，顾全他的面子，同时把顾全其面子的做法告知债务人。

当然，如果债务人躲债、赖债，则可利用其要面子的特点，与其针锋相对而不顾情面。

②制约策略。“虚荣型”最大的一个弱点是浮夸。因此债权人应有戒心，为了免受浮夸之害，在清债谈话中，对“虚荣型”者的承诺要有记录，最好要他本人以企业的名义用书面的形式表示。**对达成的还款协议等应及时立字为据，要特别明确奖罚要款，预防他以种种借口否认。**

三、避免赊销，防范死账坏账

1. 奉行现款现货，尽量避免赊销

赊销就是把货先给经销商销售，而货款却并没有同步结算清楚。更为严重的是寄销，即许诺经销商销完后再付款。可以说，赊（寄）销开始那一刻就为日后收款埋下了祸根。

（1）尽量避免赊销

赊销的苦果是不太好尝的。因此面对回收款的难题，最好的办法就是坚定不移地奉行现款现货的原则。但光有坚持原则的决心是不够的，还必须为有效地付诸实施创造条件。

①尽力启动消费者市场。消费者是掏钱购物的源头。综合运用广告、新闻、公关、活动行销、终端促销等各种营销传播武器，让目标消费者对产品及品牌产生好感，直到偏爱，并培养消费者的品牌忠诚，让越来越多的消费者指名购买，让自己所推广的品牌成为畅销的强势品牌。**这是解决货款回收问题的根本之法，也是掌握市场主动权的前提**。不要奢望经销商帮你打天下，一定要靠自己把市场做起来。

②给经销商的利益放在明处。其实经销商并不在乎赊销还是现款现货本身，他们关心的是隐藏在这背后的利益。至少在以下三种情况下，经销商会乐意接受现款现货的交易方式。

①你的产品好销。销得快，资金周转就快，利润自然就多。

②你的广告支援力度大。以策略正确且力度较大的广告充当开路先锋，预示着产品即将走俏。有眼光的经销商自然会看到它的诱人前景。

③你的价格或非价格折让较高（与竞争对手相比）。**有胆识的经销商为了获取超额利润，就愿意去承担现款投资风险。**

所以说，与其让经销商通过赊销挖空心思去图小利益，不如把利益摆出来让经销商去赚取“阳光下的利润”，而厂家也可事前控制现款现货的

利益让度，不必为日后的讨账而烦心。

（2）尽可能地降低赊销的风险

然而，实际操作中要做到百分之百的现款现货仍然很难。有时货物的出手与货款的回收不同步，实在是身不由己。也就是说，在坚持现款现货原则的前提下，还得讲究交易的灵活性。问题的关键就转到在灵活运用现款现货原则时，如何把赊欠风险降到最低限度。

①实施客户资信调查。确定客户的信用限度，超过限度时就不再销售给对方，货款的回收就不至于拖延太久，倒债的损失也可控制在一个限度。特别是要经常性地检查客户的动态，透过蛛丝马迹的变化，及时察觉客户的异动，如延迟约定的付款期限、进货额突然减少、销售情形突然恶化等。搜集到这些信息后，就要及时采取有效措施，防止客户出现破产或转向。

②建立客户管理卡。通过各种渠道详细掌握客户的个性、兴趣、为人、优点、缺点、经历及家庭情况，以确定对方是否可以信任，并构思出驾驭的策略。

③销售人员销售前的防御措施。有些销售人员急于开拓客户，往往采取比较宽松的政策来促成经销商进货，却给自己留下后患。要有效控制货款的回收，销售要注意如下四点。

- 辨别经销商是否靠得住。
- 清楚表明付款条件，如付款期限、付款方式。
- 一诺千金，答应经销商的事一定要办到，超过自己力所能及的事不要轻易承诺，否则，经销商将不信任你。
- 变强制性推销为顾问式推销，站在对方角度把利益亮出来，让对方自己去做决定。

④建立完善的回收款制度保障。在销售管理中，要制定切实有效的回收款制度。对销售人员，为了加强其回收款的动力和压力，可规定每月回收款率必须达到95%，最长欠款期不能超过30天……业绩考核、晋职评优都应把货款回收作为重要指标；对分公司经理人也应有相应连带责任和奖励；对经销商，要让他们出具有法律效力的欠款收据；对财务部，应负

有督促和追踪责任等。

智者千虑，必有一失。尽管我们小心谨慎地对待每次赊销业务，还是免不了讨账的烦恼。有些经销商可能善于以假象来博得你的信任；有些经销商资金周转并不困难，也要让你焦急地等待一番。**因此，销售人员在关键时刻就必须使出自己的讨账绝招。**

2. 减少和防范死账坏账的发生

对于已经发生的应收账款，应进一步强化日常管理工作，采取有力的措施进行分析、控制，及时发现问题，提前采取对策。这些措施主要包括应收账款追踪分析、应收账款账龄分析、应收账款收现率分析和应收账款坏账准备制度。

①应收账款追踪分析。应收账款一旦为客户所欠，赊销企业就必须考虑如何按期足额收回的问题。**要达到这一目的，赊销企业就有必要在收账之前，对该项应收账款的运行过程进行追踪分析。**

当然，赊销企业不可能也没有必要对全部的应收账款都实施追踪分析。在通常情况下，赊销企业主要应以那些金额大或信用品质较差的客户的欠款作为考察的重点。如果有必要并且可能的话，赊销企业亦可对客户（赊购者）的信用品质与偿债能力进行延伸性调查和分析。

②应收账款账龄分析。应收账款账龄分析，即应收账款账龄结构分析。所谓应收账款的账龄结构，即指各账龄应收账款余额占应收账款总计余额的比重。

企业已发生的应收账款时间长短不一，有的尚未超过信用期，有的则已逾期拖欠。一般来讲，逾期拖欠时间越长，账款催收的难度越大，成为坏账的可能性也就越高。因此，进行账龄分析，密切注意应收账款的回收情况，是提高应收账款收回效率的重要环节。

因此，对不同拖欠时间的账款及不同信用品质的客户，企业应采取不同的收账方法，制定出切实可行的不同收账政策和收账方案。对可能发生的坏账损失，需提前做出准备，充分估计这一因素对企业损益的影响。**对尚未过期的应收账款，也不能放松管理、监督，以防产生新的拖欠。**

③应收账款收现率分析。应收账款收现保证率是为适应企业现金收支

匹配关系的需要，所确定出的有效收现的账款应占全部应收账款的百分比，是二者应当保持的最低比例。

应收账款收现保证率指标反映了企业既定期间预期现金支付数量扣除各种可靠、稳定的来源后的差额，必须通过应收账款项有效收现予以弥补的最低保证程度，其意义在于：应收账款未来是否可能发生坏账损失对企业并非最为重要的，最为关键的是实际收现的账项能否满足同期必需的现金支付要求，特别是满足具有刚性约束的纳税债务及偿付不得延期或调换的到期债券的需要。

④应收账款坏账准备制度。无论企业采取怎样严格的信用政策，只要存在着商业信用行为，坏账损失的发生总是不可避免的。一般说来，确定坏账损失的标准主要有两条。

其一，因债务人破产或死亡，以其破产财产或遗产清偿后，仍不能收回的应收款项。

其二，债务人逾期未履行偿债义务，且有明显特征表明无法收回企业的应收账款。

只要符合上述任何一个条件，均可作为坏账损失处理。

既然应收账款的坏账损失无法避免，因此，遵循谨慎原则，对坏账损失的可能性预先进行估计，并建立弥补坏账损失的准备制度，即提取坏账准备就显得极为必要。

3. 坏账的确认与坏账损失的核算

应收账款初次确认的入账金额并不意味着都能收回，由于债务人的各种原因，其中那些不能收回的账款，对债权人来讲是一种损失，在会计上被确认为坏账损失。

因为赊销既有利润又有成本，利润的获得总是伴随着相应的成本与风险。随着赊销业务的增加，收入和利润也会增加。同时，销售商的成本也会因某些赊销客户货款收不回来而增加。会计称这种成本为不可收回账款费用或坏账费用。

那么，企业如何确认一笔坏账呢?

我国会计准则规定当下列情况出现时应确认坏账。

①债务人破产或死亡，以其破产财力或遗产清偿后仍无法收回时，从法律角度讲，债务关系已不复存在了。

②债务人逾期履行其偿债义务，且有明显迹象表明无法收回。此时，从法律角度讲，债务关系尚存在，但从经济实质讲，债款已不能收回，会计上根据谨慎性原则，确认该坏账损失。

不可收回账款费用的多少因公司而异，但是许多小零售企业可接受比大商店更大的赊销风险。这是为什么呢？一方面是为了增加收入，另一方面是因为企业与顾客有一种私人关系，在这种情况下，顾客更易付款。

坏账损失的核算一般有两种方法，即直接转销法和备抵法。

(1) 直接转销法

直接转销法是指在实际发生坏账时，确认坏账损失，计入期间费用，同时注销该笔应收账款。

直接转销法的优点是账务处理简单，但是，这种方法忽视了坏账损失与赊销业务的联系，在转销坏账损失的前期，对于坏账的情况不做任何处理，显然不符合权责发生制及收入费用相配比的会计原则，而且核销手续繁杂，致使企业发生陈账、呆账、长年挂账，得不到处理，也夸大了公司前期资产负债表上应收账款的可实现价值。

采用直接转销法，企业不需设置“坏账准备”科目。当企业发生坏账损失时，直接将坏账损失金额，借记“管理费用”科目，同时冲减已确认为坏账的应收账款，贷记“应收账款”科目。如果已冲销的应收账款以后又收回，则先借记“应收账款”科目，贷记“管理费用”科目，以恢复企业收益并冲减管理费用；然后借记“银行存款”科目，贷记“应收账款”科目，以反映账款收回情况。

例 某公司的购货客户A厂破产，所欠本公司应收账款50 000元已无法收回，确认为坏账。做如下会计处理：

借：管理费用　　50 000

　　贷：应收账款—A厂　　50 000

如果已冲销的应收账款以后又收回时，应做如下会计处理：

借：应收账款—A厂　　50 000

贷：管理费用　　　　　　　　50 000

借：银行存款　　　　　　　　50 000

贷：应收账款—A 厂　　　　　　50 000

（2）备抵法

备抵法，是指按期估计坏账损失，形成坏账准备。当某一应收账款全部或部分被确认为坏账时，应根据其金额冲减坏账准备，同时转销相应的应收账款金额的一种核算方法。

这种方法的优点是：①可将预计不能收回的应收账款，及时作为坏账损失入账，较好地贯彻权责发生制和配比原则，避免企业虚盈实亏；②便于估算应收账款的可变现净值，以反映企业真实的财务状况。

采用备抵法，企业需设置“坏账准备”科目。企业计提坏账准备时，借记“管理费用”科目，贷记“坏账准备”科目；实际发生坏账时，借记“坏账准备”科目，贷记“应收账款”科目。

如果已确认并转销的坏账以后又收回，则应按收回金额，借记“应收账款”科目，贷记“坏账准备”科目，以恢复企业收益并冲减已转销的坏账准备金额；同时，借记“银行存款”科目，贷记“应收账款”科目，以反映账款收回情况。

例　某公司 1999 年估计坏账损失为 4 800 元，做如下会计处理：

借：管理费用　　　　　4 800

贷：坏账准备　　　　　4 800

2000 年公司确认坏账损失 5 000 元，应做如下会计处理：

借：坏账准备　　　　　5 000

贷：应收账款　　　　　5 000

第七章

利润预测和利润分配

企业的存在和发展是因为利润的存在。

企业从诞生之时起就注定了以追求利润为最终目标。利润是一个企业的运营中心，一切经营活动都是为了利润的产生。对于利润的研究，企业界从来没有放松过。

利润预测是实现利润的前期工作。通过对利润的预测，可以确定利润额，从而根据经营情况决定是否调整，以增加最终的实际利润，使企业经营状况步步高升。

利润分配是企业的重要手段，对于现代企业来说，更多的是股利的分红，每一个投资者都希望自己能够得到最多的收益，然而要达到这一点，企业势必要占用一部分资金扩大规模，如何在投资者和企业经营者之间找到一个最佳结合点，也是现代企业管理的一个根本任务。

一、准确地预测企业利润

利润预测是运用一定的预测技术和手段对企业未来的利润规模和利润水平所做的推断。利润预测通过一系列的理论工具，在往年所做预测的平均水平的基础上，对企业的利润实现能力做出科学的评估，是企业经营战略上的重要一环。

1. 利润预测和利润分配的意义

利润预测是对企业全年经营状况及成果所做出的科学评价。作为企业总体经营战略的一个重要组成部分，与生产、采购、市场营销、技术措施等有着十分密切的联系，综合性很强。通过对企业一年中经营决策、资金运用、具体生产经营、市场营销等一系列经营过程中大量数据的综合分析，对一年来企业的经营管理状况做出一个综合评定，以此来初步检验企业的决策是否正确、生产是否适度、营销是否单有成效，为企业的下一步经营决策提供合理的依据。

同时利润预测又不同于其他的预测，它主要是以货币作为计量单位来对企业一定时期的全部经济活动进行数量上的反映。在企业内部，利润预测是企业财务管理活动的一个阶段时成果，是财务管理这条主线的一个延伸，起着纲举目张的作用。

利润预测与利润分配有着一定的联系，因为利润预测是为了更好地进行利润分配服务。

企业利润分配历来是企业财务管理中的重要内容，是企业恰当处理财务关系的焦点，因为它关系到与企业有经济利益关系的各方如所有者、投资者、债权人和企业职工等的切身利益，分配不当会影响企业的生存和发展。

根据我国企业财务通则及行业财务制度，企业利润应先按税法规定作相应调整，依法交纳所得税和其他税金。税后利润除国家另有规定者外，按照下列顺序分配：①弥补被没收财物损失，违反税法规定支付的滞纳金和罚款；②弥补企业以前年度亏损；③按一定比例提取法定盈余公积金，为企业下一步产经营做准备；④提取公益金，所有权归企业所有者但应用于员工福利或其他；⑤向投资者分配利润，其中股份有限公司还要分别先股和普通股进行分配。

企业利润分配有十分重要的意义。

首先，企业的利润分配是为了保障员工的切身利益。企业的相关法律法规规定：企业得按税后利润除去必要扣除后的10%提取，公益金，主要用于企业员工的住宅、食堂、幼儿园等集体福利设施支出，这就使企业员工除了日常薪金收以外，在员工为企业创造的价值当中拥有另外一部分利益保障，部分地解除企业员工的后顾之忧。

其次，利润分配是对投资者的利益回报。作为对企业做出过贡献的投资者，理应在会计年度结束后对投资者做出回报。如此一来，一方面可以稳定投资者的信心，使其对企业经营拥有信心，鼓励其继续进行投资；另一方面可以吸引其他潜在投资者对企业进行投资。企业的经营活动的成果主要反映在对外公示的年度报表和利润分配计划（特别是股份有限公司）上，有意投资者可以通过企业的利润分配计划了解到企业的发展潜力，促使其决定是否对企业进行投资。

最后，利润分配是为下年度的经营活动做准备。按规定企业在利润分配中会留出一部分利润来作为企业下一年度生产经营活动的资金储备。企业经过一个会计年度的经营，通过财务分析等一系列过程，充分了解了自身的发展潜力，从而在利润分配时留出充足的发展资金。如果不执行严格的利润分配计划，势必造成企业利润的归属混乱，不但会导致企业发展资金的不足，也会造成企业利润不必要的浪费。**这对于讲究时间运筹和追求速度的现代企业起着决定性的作用。**

2. 目标利润的预测方法

目标利润就是企业未来一定时期内从事生产经营活动所要实现的利润目标。目标利润预测方法包括以下几种。

（1）按全部成本法预测

按照产品的全部成本计算销售利润，其计算公式为：

$$目标利润 = 预测销量 \times（单位售价 - 单位产品销售税金 - 单位产品生产成本）- 期间费用$$

公式中的单位生产成本是指单位产品制造成本。

按上式，在企业生产单一产品的情况下，测算为实现目标利润所需的产品销售量的公式为：

$$实现目标利润的销售量 = \frac{目标利润 + 期间费用}{单位售价 - 单位销售税金 - 单位成本}$$

例 桂竹公司甲产品的单位售价为50元，单位产品成本为30元，销售税率10%，期间费用100 000元，目标利润为200 000元，则

$$实现目标利润的销售量 = \frac{200\,000 + 100\,000}{50 \times（1 - 10\%）- 30} = 20\,000（件）$$

在多品种生产的情况下，产品销售利润通常可按下式测算：

$$目标利润 = 预计产品销售收入 \times（1 - 产品销售税率 - 产品销售成本率）- 期间费用$$

所以，测算为实现目标利润所需要的产品销售收入的公式为：

$$实现目标利润的销售收入 = \frac{目标利润 + 期间费用}{销售收入利润率}$$

（2）按变动成本法预测

按变动成本法预测就是指将产品成本按其对产销量的依存关系分为变动成本和固定成本两部分，再确定销售利润的一种方法。计算公式为：

$$目标利润 = 预计销量 \times（单位售价 - 单位变动成本）- 固定成本总额$$

$$即：I = Q(p - b) - a$$

$$实现目标利润的销售量 = \frac{目标利润 + 固定成本}{销售单价 + 单位变动成本} = \frac{目标利润 + 固定成本}{单位边际贡献}$$

$$即：Q = \frac{I + a}{P - b} = \frac{I + a}{C}$$

例 长进公司全年固定成本总额为800 000元，目标利润为1 200 000元，只生产甲种产品。甲产品销售单价为2 000元，单位变动成本为1 600元，则：

$$实现目标利润的销售量=\frac{800\ 000+1\ 200\ 000}{2\ 000-1\ 600}=5\ 000（件）$$

$$实现目标利润的销售收入=2\ 000\times5\ 000=10\ 000\ 000（元）$$

此例亦可用下面公式直接测算实现目标利润的销售收入：

$$实现目标利润的销售收入=\frac{目标利润+固定成本}{1-\dfrac{单位变动成本}{销售单价}}$$

$$=\frac{目标利润+固定成本}{边际贡献率}$$

即：$S=\dfrac{I+a}{R}$

将数字代入公式得：

$$实现目标利润的销售收入=\frac{800\ 000+1\ 200\ 000}{1-\dfrac{1\ 600}{2\ 000}}$$

$$=10\ 000\ 000（元）$$

若企业从事多品种生产，应先计算加权平均边际贡献率，再测算实现目标利润的销售收入。

$$加权平均边际贡献率=\frac{预计边际贡献总额}{预计销售收入总额}\times100\%$$

$$或\quad=\sum\begin{matrix}各产品边\\际贡献率\end{matrix}\times\begin{matrix}该产品占\\销售比重\end{matrix}$$

$$实现目标利润的销售收入=\frac{目标利润+固定成本}{加权平均边际贡献率}$$

例 长进公司生产甲、乙、丙三种产品，全年固定成本总额为800 000元，各种产品的销售单价分别为10元、9元和8元，其单位变动成本分别为8元、6元和4元，各种产品的销售比重分别为15%、35%和50%。不考虑流转税，则要实现1 200 000元的目标利润需要实现的总销售收入为：

$$加权平均边际贡献率=\frac{10-8}{10}\times15\%+\frac{9-6}{9}\times35\%+\frac{8-4}{8}\times50\%=39.67\%$$

$$实现目标利润的销售收入=\frac{800\ 000+1\ 200\ 000}{39.67\%}=5\ 041\ 593.14\ (元)$$

需要说明的是：上述公式中的目标利润通常是指税前的利润，若企业需要预测的目标利润是税后利润，则公式应调整为：

$$实现目标利润的销售收入=\frac{固定成本+\frac{税后净利}{1-所得税税率}}{加权平均边际贡献率}$$

（3）按先进合理的利润率预测

企业可按先进合理的利润率标准预测目标利润，比如，根据销售利润率、产值利润率、资金利润率等指标的先进合理水平测算目标利润。

①按销售利润率预测。

目标利润 = 预计销售收入 × 销售利润率

②按产值利润率预测。

目标利润 = 预计总产值 × 产值利润率

③按资金利润率预测。

目标利润 = 预计资金平均占用额 × 资金利润率

3. 利润预测的因素分析法

因素分析法就是在基期利润水平的基础上，考虑计划期影响销售利润增减变动的各项因素，确定计划期可比产品销售利润数额的一种方法。影响销售利润变动的因素主要包括：计划年度产品生产销售的数量、品种结构、成本水平、价格、税率等。

应用因素分析法的具体步骤为：

(1) 确定上年成本利润率

上年成本利润率应按上年全年可比产品生产成本与上年可比产品的销售利润的比率计算确定。**确定上年成本利润率是测算计划年度产品销售利润的基础**。因为企业一般在上年第4季度进行利润预测，则上年第4季度的相关数字也应靠预计来确定。其计算公式为：

$$\text{上年成本利润率}=\frac{\text{上年第1～3季度可比产品销售利润实际数}+\text{上年第4季度可比产品销售利润预计数}}{\text{上年第1～3季度可比产品成本实际数}+\text{上年第4季度可比产品成本预计数}}\times 100\%$$

(2) 测算各因素变动对可比产品销售利润的影响

①计算因计划年度可比产品产销售数量变动而增减的利润。在其他因素不变的情况下，计划年度生产和销售的产品越多，利润也就越多。根据上年成本计算的计划年度可比产品成本总额，是由上年产品平均生产成本和计划产量两个因素求得的，其中已包含了生产数量变化因素在内。若计划年度产销售量一致将此指标直接同上年预计销售成本总额比较，即可计算出因计划年度可比产品销售量变化而增加或减少的利润。其计算公式如下：

$$\text{由于产销量变化而增减的利润}=\left(\text{按上年成本计算的计划年度可比产品成本总额}-\text{上年可比产品销售成本总额}\right)\times\text{上年成本利润率}$$

若计划年度产销售量不一致，则要预计计划年度可比产品的应销比例，上述公式变为：

$$\text{由于年销量变化而增减的利润}=\left(\text{按上年成本计算的计划年度可比产品成本总额}\times\text{应销比例}-\text{上年可比产品销售成本总额}\right)\times\text{上年成本利润率}$$

②计算因计划年度可比产品品种结构变化而增减的利润。**可比产品品种结构就是指各种可比产品销售成本占可比产品销售总成本的比例**。在各种可比产品成本利润率保持不变的情况下，若企业计划年度多生产销售利润水平的产品，就会使计划年度的平均利润率提高；反之，就会使计划年

度的平均利润率降低，从而影响到销售利润。按变动后的品种结构确定的计划年度平均利润率与上年平均利润率之间的差异，可测算出因品种结构变动而增加或减少的利润数额。其计算公式如下：

$$\text{计划年度可比产品平均成本利润率} = \sum\left(\text{各产品上年度成本利润率} \times \text{该产品计划年度销量比重}\right)$$

$$\text{由于可比产品品种结构变动而增减的利润} = \text{按上年度成本计算的计划年度可比产品成本总额} \times \left(\text{计划年度可比产品平均成本利润率} - \text{上年度可比产品平均成本利润率}\right)$$

③计算因计划年度可比产品生产成本升降而增减的利润。在价格不变的情况下，计划成本比上年降低，就会使利润增加；反之，则使利润减少。计算公式如下：

$$\text{由于产品生产成本降低或升高而增减的利润} = \text{按上年成本计算的计划年度可比产品成本总额} \times \text{可比产品成本计划降低或升高率}$$

④计算因计划年度可比产品价格变动而增减的利润。计划年度产品销售价格变动直接影响利润。销售价格提高能增加利润，反之则减少利润。在确定销售价格变动对利润的影响时，应具体考虑销售价格变动时间，在价格变动前售出或发出的产品，仍根据原价计算。**另外，销售价格的变化，即使税率不变，应纳税金也会随之变化，分析时应加以考虑。**其计算公式如下：

$$\text{由于产品销售价格变动而增减的利润} = \left(\text{产品销售数量} \times \text{变动前价格}\right) \times \text{价格变动率} \times \left(1 - \text{上年税率}\right)$$

在实行价外增值税的公司，上述公式可变为：

$$\text{由于产品销售价格变动而增减的利润} = \left(\text{产品销售数量} \times \text{变动前价格}\right) \times \text{价格变动率}$$

⑤计算因计划年度产品销售税率变动而增减的利润。在其他因素不变的条件下，税率提高，则会使利润减少；反之，则会使利润增加。分析计算时，应加以考虑。其计算公式如下：

$$\text{由于产品税率变动而增减的利润}=(\text{产品销售数量}\times\text{变动前价格})\times(1\pm\text{价格变动率})\times(\text{原税率}-\text{新税率})$$

⑥计算计划年度销售费用总额变动对利润的影响。**销售费用是计算产品销售利润的一个抵减项目，所以分析时也应加以考虑。**其计算公式如下：

$$\text{由于计划年度销售费用总额变动而增减的利润}=\text{上年销售费用总额}-\text{计划年度销售费用总额}$$

(3) 计算计划年度可比销售产品利润

在上年可比产品销售利润基础上，加上上述各因素影响的利润额，就可计算出计划年度可比产品销售利润。

例如，旺利公司2000年度的有关资料以及2001年度有关计划资料，经整理见表7－1，要求预测2001年的可比产品销售利润。

首先，确定上年综合生产成本利润率和上年销售利润总额，分别为：

$$\text{上年成本利润率}=\frac{1\ 275\ 000+525\ 000}{11\ 700\ 000+3\ 300\ 000}\times100\%=12\%$$

$$\text{上年销售利润总额}=1\ 275\ 000+525\ 000=1\ 800\ 000\ (\text{元})$$

其次，确定各因素变动对销售利润的影响值：

$$\text{由于产销量变动而增加的利润}=(24\ 500\ 000\times90\%-15\ 000\ 000)\times12\%$$

$$=7\ 050\ 000\times12\%=846\ 000\ (\text{元})$$

表7－1　**旺利公司销售情况表**　单位：元

2000年度		2001年度（计划）	
项　目	金　额	项　目	金　额
1. 第1～3季度实际销售利润	1 275 000	1. 计划产量按上年生产成本计算的总成本	24 500 000
2. 第四季度预计销售利润	525 000	2. 计划产销比例	90%
3. 第1～3季度实际生产成本	11 700 000	3. 成本降低率	2.5%
4. 第四季度预计生产成本	3 300 000	4. 各产品的销售比重	
5. 成本利润率		甲产品	40%

表 7-1（续）

2000 年度		2001 年度（计划）	
项　目	金　额	项　目	金　额
甲产品	10%	乙产品	60%
乙产品	15%	5. 从 1 月 1 日起甲产品价格降低	10%
6. 各产品销售比重		6. 甲产品税率由 12% 调至	15%
甲产品	60%	7. 甲产品按上年价格计算的销售收入	13 200 000
乙产品	40%	8. 销售费用预算数	80 000
7. 销售费用	40 000		

由于品种结构变动而增加的利润 =24 500 000×90%〔10%×40%+（15%×60%）-12%〕

=24 500 000×90%×1%

=220 500（元）

由于生产成本降低而增加的利润 =24 500 000×90%×2.5%

=551 250（元）

由于甲产品价格降低而增加的利润 =13 200 000×（-10%）×（1-12%）

=-1 161 600（元）

由于税率提高而减少的利润 =13 200 000×（1-10%）×（12%-15%）

=-356 400（元）

由于销售费用提高而减少的利润 =40 000-80 000

=-40 000（元）

最后，通过上述测算，旺利公司 2001 年可比产品销售利润为：

1 800 000+846 000+220 500+551 250-1 161 600-356 400-40 000 =1 859 750（元）

4. 利润盈亏临界点预测方法

盈亏临界点预测法就是运用本量利分析原理预测企业计划期间产品销售量或销售收入达到多少时，正好不盈不亏的一种预测方法。盈亏临界点又叫保本点。

$$产品销售利润=\begin{matrix}产品\\销量\end{matrix}\times\left(\begin{matrix}销售\\单价\end{matrix}-\begin{matrix}单位产品\\变动成本\end{matrix}\right)-\begin{matrix}固定\\成本\end{matrix}$$

即：$I=Q(P-b)-a$

当产品销售利润为零时，按上式可求出保本销售量和保本销售收入。

$$保本销售量=\frac{固定成本总额}{销售单价-单位变动成本}=\frac{固定成本总额}{单位边际贡献}$$

即：$Q=\dfrac{a}{P-b}=\dfrac{a}{c}$

$$保本销售额=\frac{固定成本总额}{1-\dfrac{单位变动成本}{销售单价}}=\frac{固定成本总额}{单位边际贡献率}$$

即：$S=\dfrac{a}{1-\dfrac{b}{P}}=\dfrac{a}{R}$

例 长进公司生产的甲产品的单价为 2 000 元，单位变动成本为 1 600 元，公司的固定成本总额为 800 000 元，则：

$$保本销售量=\frac{800\ 000}{2\ 000-1\ 600}=2\ 000（件）$$

$$保本销售收入=\frac{800\ 000}{1-\dfrac{1\ 600}{2\ 000}}=4\ 000\ 000（元）$$

若企业从事多品种产品的生产，测算保本销售收入的公式应由“单位边际贡献率”改为“加权平均边际贡献率”。即：

$$保本销售额=\frac{固定成本总额}{加权平均边际贡献率}$$

二、合理地分配企业利润

1. 利润计划及其编制方法

利润计划是根据利润预测的结果，利用一定的表格形式，以货币量度对预测期营业活动及其财务结果的反映。企业利润计划是企业财务计划的一个重要内容。

（1）利润计划的主要内容

企业利润计划的内容主要包括以下几个部分。

①商品产品销售利润计划。商品产品销售利润计划用以确定企业在计划期内销售自制半成品、产成品、代制品和工业性作业的利润。

②其他销售利润计划。其他销售利润计划用以确定企业在计划期内由于进行材料销售、技术转让和包装物出租、运输等非工业性劳务所取得的利润数额。

③营业外收支计划。**营业外收支计划用以确定企业在计划期内发生的与生产经营活动无直接关系的收入与支出**。

④投资净收益计划。投资净收益计划用以确定企业在计划期内由于投资所带来的收益。

（2）利润计划的编制方法

企业利润计划中，商品产品销售利润计划的编制最为复杂，其主要方法有下列两种：

①直接计算法。产品销售利润的直接计算法是根据企业的每种产品的销售收入、税金、销售成本、销售费用，分别计算每种产品的计划利润，然后汇总得出整个企业的计划产品销售利润。在编制利润计划时，在计划期间销售的产品往往包括上期结存的产品和本期生产的产品，由于上期产品的单位成本与本期生产的计划单位成本往往又不相同，**因此，在计算计划期的产品计划销售成本时要采用加权平均法或先进先出法计算**。

a. 加权平均法。其计算公式如下：

$$\begin{matrix}\text{某种产品计}\\\text{划销售成本}\end{matrix}=\begin{matrix}\text{产品计划}\\\text{销售数量}\end{matrix}\times\begin{matrix}\text{产品平均单}\\\text{位销售成本}\end{matrix}$$

$$\begin{matrix}\text{产品平均单}\\\text{位销售成本}\end{matrix}=\frac{\text{期初结存产品成本}+\text{本期生产产品成本}}{\text{期初结存产品数量}+\text{本期生产产品数量}}$$

b. 先进先出法。其计算公式如下：

$$\begin{matrix}\text{某种产品计}\\\text{划销售成本}\end{matrix}=\begin{matrix}\text{计划期初结存}\\\text{产品总成本}\end{matrix}+\begin{matrix}\text{计划期产}\\\text{品总成本}\end{matrix}-\begin{matrix}\text{计划期末结存}\\\text{产品总成本}\end{matrix}$$

$$\begin{matrix}\text{某种产品计划}\\\text{单位销售成本}\end{matrix}=\frac{\text{某种产品计划销售成本}}{\text{计划期产品销售数量}}$$

$$=\frac{\begin{matrix}\text{计划期初结存}\\\text{产品总成本}\end{matrix}+\left(\begin{matrix}\text{计划期}\\\text{产品数量}\end{matrix}-\begin{matrix}\text{期末}\\\text{结存量}\end{matrix}\right)\times\begin{matrix}\text{本期生产计}\\\text{划单位成本}\end{matrix}}{\text{计划期产品销售数量}}$$

现举例说明采用直接计算法确定产品销售利润计划（见表7－2）。

表7－2　　产品销售利润计划表　　单位：元

产品名称	销售量（台）	销售收入		销售税金		销售成本		销售利润		利润率（%）
		单价	金额	单位税金	金额	单位成本	金额	单位利润	金额	
	（1）	（2）	（3）＝（1）×（2）	$(4)=\frac{(5)}{(1)}$	（5）＝3×税率	（6）	（7）＝（1）×（6）	（8）＝2－（4）－（6）	（9）＝（1）×（8）	$(10)=\frac{(9)}{(7)}\times100\%$
甲	5 000	500	2 500 000	15	125 000	400	2 000 000	75	375 000	18.75
乙	3 000	1 000	3 000 000	50	150 000	850	2 550 000	100	300 000	11.76
丙	400	600	240 000	30	12 000	515	206 000	55	22 000	10.68
Σ	－	－	5 740 000	－	287 000	－	4 756 000	－	697 000	14.66

注：税率为5%。

采用直接计算法，简明易懂，计算结果比较正确，在实际工作中为广大企业所采用。**但是这种方法必须具备计划期的各种产品的生产量、销售量、成本、价格等方面的资料**。如果企业产品品种很多时采用这种方法，则计算工作量比较繁重，此时，可采用分析计算法。

②分析计算法。产品销售利润的分析计算法是以上年利润水平为基础，考虑计划年度影响利润变动的各项因素，来计算计划年度产品销售利润的一种计算方法。

影响计划年度利润的各种因素有：生产和销售产品数量的变化，产品品种结构的变化，可比产品成本的变化，销售价格和税率的变化。采用分析计算法必须对上述各因素仔细分析，研究增收节支的可能性。采用分析计算法计算计划期的销售利润，是建立在上年数据的基础之上的，因此，企业的全部产品应划分为可比产品和不可比产品两种，只有可比产品才能应用分析计算法。其计算公式如下：

$$\text{计划期可比产品销售利润}=\text{上年产品销售利润}\pm\text{销售量变动对利润的影响}\pm\text{成本变动对利润的影响}\pm\text{产品品种结构变动对利润的影响}\pm\text{销售价格变动对利润的影响}\pm\text{税率变动对利润的影响}$$

下面举例说明分析计算法：

假设某企业上年度及计划年度各项经济指标资料如下：

- 上年产品销售成本总额为 4 500 000 元；
- 上年产品销售利润为 170 000 元；
- 按上年单位成本计算的计划年度可比产品销售成本总额为 6 000 000 元；
- 计划年度可比产品成本降低率为 5%；
- 消费税率由上年的 7% 降为 6%；
- 计划年度产品年均销售价格由上年的 1 500 元降为 1 400 元，即降低 6.7%；
- 计划年度产品成本利润率和品种结构变化资料见表 7－3：

表 7－3　　某企业各项经济指标资料

产品种类	上年			计划年度			差异（%）
	品种结构 %	利润率 %	平均利润率 %	品种结构 %	利润率 %	平均利润率 %	
A	30	10	3	20	10	2	－1
B	70	5	3.5	80	5	4	0.5
Σ	100	—	6.5	100	—	6	－0.5

- 计划年度预计产品销售量为 3 000 件。

解：第一步，测算上年的成本利润率。其计算公式如下：

$$\text{上年成本利润率}=\frac{\text{上年产品销售利润总额}}{\text{上年产品销售成本总额}}\times 100\%$$

$$=\frac{170\ 000}{4\ 500\ 000}\times 100\% = 3.8\%$$

第二步，测算由于产品销售量、成本、价格、品种结构和税率变化对利润的影响。

● 测算由于销售量变动对利润的影响。

销售量变动对利润的影响 = 上年可比产品销售利润 × 计划年度可比产品销售数量增减百分数

其中：

$$\text{计划年度可比产品销售数量增减百分数}=\frac{\text{按上年单位成本计算的计划年度可比产品销售成本总额}-\text{上年可比产品销售成本总额}}{\text{上年可比产品销售成本总额}}\times 100\%$$

$$=\frac{6\ 000\ 000-4\ 500\ 000}{4\ 500\ 000}\times 100\%$$

$$=33.3\%$$

则：销售量变动对利润的影响 = 170 000 × 33.3% = 56 610（元）

● 测算由于产品销售成本变动对利润的影响。

产品销售成本变动对利润的影响 = 按上年单位成本计算的计划年度可比产品销售成本总额 × 计划年度可比产品成本降低率

= 6 000 000 × 5% = 300 000（元）

● 测算由于产品销售价格变动对利润的影响。

产品销售价格变动对利润的影响 = 计划年度预计产品销售数量 ×（计划年度产品单位价格 − 上年产品单位价格）×（1 − 上年税率）

= 3.000 ×（1.400 − 1.500）×（1 − 7%）= −279.00（元）

● 测算由于产品品种结构变化对利润的影响。

上年可比产品的平均利润率 = $\sum$（上年某种产品比重 × 上年某种产品利润率）

=（30% × 10%）+（70% × 5%）

= 6.5%

计划年度可比产品平均利润率 = $\sum$（计划年度某种产品比重 × 计划年度某种产品利润率）

$$= (20\% \times 10\%) + (80\% \times 5\%)$$
$$= 6\%$$

由于品种结构变动使平均利润率变化为：

$$\frac{\text{计划年度可比}}{\text{产品平均利润率}} - \frac{\text{上年可比产品}}{\text{平均利润率}} = 6\% - 6.5\%$$
$$= -0.5\%$$

所以：

$$\frac{\text{品种结构变动}}{\text{对利润的影响}} = \frac{\text{按上年单位成本计算的计划}}{\text{年度产品销售成本总额}} \times \frac{\text{由于品种结构变动而}}{\text{发生的平均利润率差异}}$$
$$= 6\ 000\ 000 \times (-0.5\%) = -30\ 000\ (\text{元})$$

- 测算由于税率变动对利润的影响。

$$\frac{\text{税率变动对}}{\text{利润的影响}} = \frac{\text{计划年度产}}{\text{品销售收入}} \times \left(\frac{\text{上年销}}{\text{售税率}} - \frac{\text{计划年度}}{\text{销售税率}}\right)$$
$$= 3\ 000 \times 1\ 400 \times (7\% - 6\%)$$
$$= 42\ 000\ (\text{元})$$

需要指出的是，因增值税属于价外税，所以在进行产品销售利润因素分析时，没有必要进行税率变动的因素分析。

第三步：测算计划期可比产品销售利润

计划期可比产品销售利润

$$= 170\ 000 + 56\ 610 + 300\ 000 - 279\ 000 - 30\ 000 + 42\ 000$$
$$= 259\ 610\ (\text{元})$$

用分析计算法确定了计划期可比产品的销售利润后，还需确定计划期不可比产品销售利润和年初结存产品销售利润，才能确定计划期全部产品的销售利润。

计划期不可比产品销售利润可按下列公式计算：

$$\frac{\text{不可比产品}}{\text{销售利润}} = \frac{\text{计划年度不可比}}{\text{产品成本总额}} \times \frac{\text{预计不可比产品}}{\text{成本利润率}}$$

例 该企业不可比产品成本总额为 240 000 元，预计不可比产品成本利润率为 6%。则不可比产品销售利润为：

$$\text{不可比产品销售利润} = 240\ 000 \times 6\% = 14\ 400\ (\text{元})$$

计划年初结存产品的销售利润可根据年初结存产品的销售成本和上年成本利润率计算。如果计划年度的销售价格有变动，还要计算和调整价格对计划年初结存产品销售利润的影响。

例 该企业计划年初结存产品的销售成本300 000元，则计划年初结存产品销售利润为：

$$300\ 000 \times 6.5\% = 19\ 500\ (\text{元})$$

至此，该企业计划期全部产品的销售利润为：

$$259\ 610 + 14\ 400 + 19\ 500 = 293\ 150\ (\text{元})$$

上述方法主要是确定计划期产品的销售利润，计划期其他销售利润指标可根据其他销售收入、销售成本、销售税金及附加等加以确定。其计算公式如下：

$$\text{其他销售利润} = (\text{销售数量} \times \text{销售价格}) - \text{销售成本} - \text{销售税金及附加}$$

由于企业的其他销售业务一般不太大，亦可采用下列简便方法测算：

$$\text{其他销售利润} = \text{计划年度其他销售成本总额} \times (\text{上年其他销售成本利润率} \pm \text{计划年度其他销售成本利润增减率})$$

营业外收支净额计划指标主要根据计划期营业外收入数额项目计算确定。

利润计划中不仅要确定利润总额指标，还要确定利润率指标。这些指标包括：

- 销售利润率。它是产品销售利润和销售收入之间的比率，说明每1元销售收入可以获得的利润，即利润在销售收入中所占的比重。计算公式如下：

$$\text{销售利润率} = \frac{\text{产品销售利润总额}}{\text{产品销售收入总额}} \times 100\%$$

- 产值利润率。它是产品销售利润和工业产品总产值之间的比率，它说明每1元工业总产值可以获得的产品销售利润，反映销售利润在工业总产值中的比重。计算公式如下：

$$产值利润率=\frac{产品销售利润总额}{工业总产值}\times100\%$$

• 成本利润率。它是产品销售利润总额和产品销售成本总额之间的比率，说明每1元销售成本可以获得的产品销售利润，反映资金耗费的经济效果。计算公式如下：

$$成本利润率=\frac{产品销售利润总额}{产品销售成本总额}\times100\%$$

现假设其他销售利润为18 000元，投资净收益为36 000元，营业外收入为3 000元，营业外支出为10 000元，并根据上述产品销售利润计划表，编制某企业利润计划（见表7－4）。

表7－4　利润计划表　单位：元

序号	项　目	上年实际	本年计划
1	产品销售收入	（略）	5 740 000
2	产品销售税金		287 000
3	产品销售成本		4 756 000
4	产品销售利润		697 000
5	其他销售利润		18 000
6	投资净收益		36 000
7	营业外收入		3 000
8	营业外支出		10 000
9	利润总额		744 000
10	所得税额（33%）		245 520
11	被没收的财物损失及滞纳金		—
12	弥补以前年度亏损		—
13	提取法定盈余公积金（10%）		49 848
14	提取公益金		20 000
15	向投资单位分配利润		230 000
16	企业留利		198 632
17	成本利润率		14. 66%
18	销售利润率		12. 14%

注：①法定盈余公积金是按税后利润扣除前两项后的10%提取的。

②资金利润率 = 697 000 ÷ （14 000 000 + 1 623 000）

= 4.46%

③在计算利润率时，也可以用利润总额来计算。

2. 按照法定的程序分配利润

在新的财务制度中，利润分配设计的指导思想是：第一，既要规范、统一企业利润分配办法，又要体现理顺企业产权关系，充分保障投资者的权益和收益；第二，既要兼容不同所有制企业、不同经济方式的企业的利润分配的特征，又要尽可能参照国际上通行的做法；第三，既要考虑扩大企业自主权，又要考虑便于加强宏观和财务监督、约束。

基于上述指导思想，企业利润分配的设计是按照税利分流的思路，最大限度地吸纳股份有限责任公司利润分配的有关规定。即企业统一依法交纳所得税，税后利润在弥补以前年度亏损、提取公积金和公益金后，按投资协议、合同或者法律法规规定在投资者之间分配。在税后利润分配顺序上，除了作一般规定外，还对股份有限责任公司作了进一步规定和明确。应该说明的是，新的制度中企业利润分配的设计仍然坚持财务制度是企业纳税的依据，即财务成本与纳税成本一致，这是我国财政财务管理的一贯性原则。

新制度规定企业利润总额按照国家规定作相应调整后，依法缴纳所得税。这里所说的调整主要是指：①所得税前弥补亏损；②投资收益中已纳税的项目或按照规定只需补交所得税的项目。

企业利润除了上述调整项目外，还有两个问题需要说明：一是单项留利。现行单项留利项目主要是国有企业提取，目前属于国务院明文规定的项目暂时还需保留。二是税前还贷。新财务制度建立资本金制度后，实际上不存在税前还贷这个概念了，企业借入长期性借款，则反映为长期负债增加和银行存款增加；归还长期性借款，则反映了长期负债减少和银行存款减少。**无论是长期借款增加或减少都不涉及权益增减变化。**而现行的税前还贷办法的实质是负债转增资本的一种办法，即用税前利润归还基建借款和专项借款，相应增加企业固定基金或流动基金，是国家通过减税让利来增加对企业的投入，其积极作用是促进企业加快技术改造步伐，但其副作用是混淆产权关系界限，也削弱企业应承担的投资责任。

企业缴纳所得税后的利润，一般按照下列顺序分配：

- 被没收的财物损失，支付各项税收的滞纳金和罚款。
- 弥补以前年度亏损。
- 提取法定盈余公积金。法定盈余公积金按照税后利润扣除前两项后的10%提取，法定盈余公积金已达到注册资本50%时可不再提取。
- 提取公益金。
- 向投资者分配利润。企业以前年度未分配利润，可以并入本年度向投资者分配。

上述利润分配顺序的逻辑关系是：企业以前年度亏损未弥补完，不得提取盈余公积金、公益金；在提取盈余公积金、公益金以前，不得向投资者分配利润；企业必须按照当年税后利润（减弥补亏损）的10%提取法定盈余公积金，当法定盈余公积金已达到注册资本50%时可不再提取；企业以前年度未分配利润，可以并入本年度利润分配；企业在向投资者分配利润前，经董事会决定，可以提取任意公积金，但股份有限责任公司应先分配优先股股利。

应该指出的是，不同所有制形式和经营方式的企业都应遵循上述分配顺序，考虑到股份有限责任公司的税后利润分配的特殊性，新的财务制度对此单独作了规定，其顺序如下：

- 被没收的财物损失，支付各项税收的滞纳金和罚款。
- 弥补以前年度亏损。
- 提取法定盈余公积金。法定盈余公积金按照税后利润扣除前两项后的10%提取，盈余公积金已达注册资本50%时可不再提取。
- 提取公益金。
- 支付优先股股利。
- 提取任意盈余公积金。任意盈余公积金按照公司章程或者股东会议决议提取和使用。
- 支付普通股股利。

上述分配顺序与现行股份制试点企业财务管理办法的区别是，股份制试点企业财务管理办法规定中，上述第一项在纳税时作为纳税调整项目，本制度规定为税后列支。

股份有限责任公司利润分配顺序的特点：一是明确任意公积金提取顺序，即在分配优先股股利之后，但在分配普通股股利之前；二是向投资者分配利润时先向优先股股东分配利润，然后向普通股股东分配利润。

在利润分配顺序中，要注意如下三点。

一是企业当年无利润不得向投资者分配利润。其中股份有限责任公司当年无利润时，原则上不得分配股利，但在用盈余公积金弥补亏损后，经股东会特别决议，可以按照不超过股票面值 6% 的比率用盈余公积金分配股利。在分配股利时，企业法定盈余公积金不得低于注册资金的 25% 。**其目的是维护企业股票的信誉，避免股票价格大幅度波动**。

二是关于提取任意公积金。企业提取任意公积金是指企业出于经营、管理等方面的需要，在向投资者分配利润前按照公司章程或者股东会议决议提取和使用的留存收益。这是为了控制向投资者分配利润的水平以及调整各年利润分配的波动，通过提取任意公积金形式对向投资者分利施加限制。

三是关于提取盈余公积金和公益金。盈余公积金包括法定盈余公积金和任意盈余公积金，可用于弥补亏损或者用于转增资本金。但转增资本金后，企业的法定盈余公积金一般不得低于注册资本的 25% 。**公益金主要用于企业的职工集体福利设施支出**。对企业是否提取公益金认识不一致，但根据我国目前的实际，企业仍需向职工提供必要的集体福利设施，有必要明确从税后利润中提取一部分资金，用于职工住宅等集体福利设施支出。

3. 利用下年度利润来弥补企业亏损

企业亏损要严格划分政策性亏损和经营性亏损的界限。政策性亏损经财政部门核定实行定额补贴或亏损包干办法，并结合价格体制改革逐步取消政策性亏损补贴。经营性亏损原则上由企业自行解决。

新制度只对经营性亏损弥补作明确规定。企业的经营性亏损弥补办法是，企业发生的年度亏损可以用下一年的税前利润等弥补；下一年度利润不足弥补的，可以在 5 年内延续弥补；5 年内不足弥补的，用税后利润等弥补。

上述经营性亏损弥补从资金来源来看，分为所得税前弥补和所得税后弥补。所得税前弥补包括税前利润以及筹建期间的汇兑净收益等弥补；所得税后弥补包括税后利润弥补和用盈余公积金弥补。

从期限上来看，经营性亏损允许企业在5年之内用税前利润弥补，比现行利润弥补规定的3年有所放宽，这与外商投资企业的规定是一致的。

第八章

合法避税，增加收入

在西方，流传着这样一句话："死亡和纳税，对一个人来说是无法避免的。"因为纳税毕竟是属于个人和企业所占有的财产的一种丧失，也是一种"牺牲"即"死亡"。那么，在不违法的条件下，如何使这种"牺牲"做到最小呢？回避不必要的"死亡"，是每一个企业理财中一个至关重要的任务：回避了"死亡"，也就等于增加了企业的收入，从而增强了企业的活力。

有人说：野蛮者抗税，愚昧者偷税，糊涂者逃税，精明者避税。所以，避税不仅是企业理财中一个十分重要的内容，而且是企业理财中一个需要高超技巧的工作。

避税的关键在于"避"字上。避什么，避多少，何时避，怎样避，都需要精心研究和策划。为此，就要学习和掌握避税的方法和技巧。

一、以合法的方法减轻税务负担

避税，是指纳税人利用合法的手段和方式，通过资金转移、费用转移、成本转移、利润转移等方法，来回避纳税，以期达到少纳税或不纳税目的的一种经济行为。**避税行为的重要前提是不违法，它并不等于偷税和逃税**。因为，偷、逃税的行为，明显是违法的。

1. 避税绝不是偷税和逃税

(1) 避税与偷税、逃税的本质区别

避税与偷税、逃税的本质区别具体表现在以下三个方面。

首先，从法律行为上来说，偷税和逃税，是公然违反和践踏税法的，是与税法对抗的一种行为。而避税是在遵守税法和拥护税法的前提下，利用税法的不完善的缺陷或漏洞所进行的减免税负的行为。

其次，在法律后果上，偷税和逃税是属于法律上明确禁止的行为，因而，一旦被有关当局查明属实，纳税人就要承担相应的法律责任。**在这方面，世界各国的税法都对这种隐瞒纳税事实的偷税和逃税行为有处罚规定**。而避税是通过某种合法的形式，来实现其减免税负的目的，与法律规定的要求是吻合的，因而，它一般受到各国政府的默许或保护。政府所能采取的措施，只能是修改和完善有关税法，堵塞可能为纳税人利用的漏洞。

最后，就税法的影响而言，偷税和逃税，是公然违反税法的，因此，他们根本不会去钻研税法，学会如何申报纳税，而是绞尽脑汁寻找偷税和逃税的更好途径。而成功避税需要纳税人对税法有充分的了解，必须能够了解什么是合法，什么是非法，以及合法与非法的临界点在什么地方，知晓税法和税收管理中的固有缺陷和漏洞，这样，才能在总体上确保自己避税行为的合法性，以及避税成功的可能性。

(2) 避税的客观必然性

避税是企业在税收法律法规许可的范围内，通过对经营活动财务活动

的巧妙安排，以达到规避和减轻税收负担的管理活动。

①避税是政策给的机会。作为企业的财务主管，您必须明白避税必须在国家税收法律法规许可的限度内，即要是合法的。目前，我国税收法律法规尚不健全，稳定性不强，不少税收政策是以条例、办法的方式来规定的，您可以灵活运用一些合法的方法使您的税收负担降到最低。

因此，避税具有合法性、灵活性又兼有一定的限制性。

②避税是企业经营性的选择。私营公司之所以称为企业，就是因为它是以营利为目的，所谓经营的理性也正是这种利益驱动性。没有不想赚钱的公司，只要在合法的前提下采取各种措施以达到营利的目的，我们就必须得承认公司的行为是合理的。私营公司正是本着这一原则，灵活采用纳税方法来减轻税负。

③避税是企业竞争的需要。税是一种费用，但财务主管不应只把它看成费用，它深刻影响着企业生产经营的许多方面：首先作为一项费用，它直接减少了企业的收入；其次中国的大部分税包含在产品价格内（即价内税），因此它又影响了产品定价。

税影响了产品定价，而产品价格又在相当大的程度上体现着企业在市场上的竞争力，因此税进一步影响了企业竞争。

有竞争力的企业才能更好地发展，因此税最终影响着企业发展。

当您沿着这条思路读下去的时候您定会恍然大悟：原来避税有着这么大的影响力。因此，只要在遵守和拥护税法的前提下，在政府的默认和许可下，您合法地减轻了税负，便可降低产品价格，便有更强的竞争力，也就能赚取更多的利润。

2. 合法避税是一种经营的智慧

既要避税，又要合法合理，这对任何一个企业的财务主管来说都不是一件容易的事。其实，要想避税，您首先要懂税，只有在充分研究税收法律法规的基础上，运用科学的方法和巧妙的手段进行经营管理，才能达到避税的目的。

避税是经营活动与财务活动的有机结合。

避税是经营时间、地点、方式、手段的精心安排。

避税是合法合理会计方法的灵活运用。

一言以蔽之，避税体现着上层决策者高超的智谋和优秀的管理水平。

看过上面的内容之后，也许这时候您会问了，我该怎样建立正确的避税观呢？

我们不主张也不愿去怂恿您把大量心思花费在避税问题上，我们在这里侧重谈的是一种管理方法。我们也不去过分谴责避税行为的不道德性，如果避税是不对的，为什么所有的观点都不能否认其合法性？

已跨入21世纪的今天，中国的市场经济已经比以前有了大的发展，许多科学的经营理念已被广大的管理者所接受并适当地应用着。我们必须承认，任何一个理性的经济人，都希望能以一种合法的手段来避税。理性避税表明了企业管理者对待纳税的正确态度，它会促进企业有效地开展财务控制和合理布置经营活动，从而提高企业的经营水平，又达到增收节支的目的。

当今一位著名的经济学家说过："如果把财政看作水库，那么企业就是河流的上游。"企业经营效益越好，国家的财源税源就越丰富。**因此，我们应充分给予企业在纳税管理上一定的灵活度。**无论是纳税人还是税务管理者都要对避税有一个正确的认识，我们重在培养您的纳税意识和经营理念，无须过分谈论避税技巧。总的来说，企业合法避税只要是适当的，还是会在很大程度上促进企业发展的，也有助于社会财富的增加，这同国家的财税政策是不矛盾的。

因此，企业应形成正确的避税观：

- 了解税法、掌握税法，在依法纳税的前提下，正确的理解避税的活动，在税收政策允许范围内获取最佳税负；
- 避税不是根本目的，其根本目的在于促使管理者对管理决策进行更细致的思考，进一步完善和提高经营管理水平；
- 不要过分玩弄避税技巧，不要恶意避税，慎用避税方法。

3. 企业内部纳税检查方法

内部纳税检查是纳税人内部的独立部门或人员对应纳款的计算、核算、缴纳情况等所进行的检查。它具有检查账目错弊、规范税务管理、合法避税提高企业生产效率的作用。

（1）内部纳税检查方法

内部纳税检查作为一种内部监督制度，通常采用下列方法：

①详查法。即对所有会计资料进行逐一检查。其特点是检查内容多、范围广、耗费人力和时间较多。此法适用于对财务管理比较混乱的企业进行检查。

②抽查法。即以点代面，有重点地按统计抽样规律抽出与纳税相关的资料进行检查。**其特点是重点突出、省时省力，但抽样易造成遗漏。**

③顺查法即按照会计业务进展顺序检查。其特点是检查思路较为系统、遗漏较少，但工作量也较大。

④逆查法。即按照会计业务进展逆序检查，其特点与顺查法相似。

⑤比较分析法。即将企业与纳税相关的资料按历史水平、计划指标、同行业指标等进行纵向、横向分析对比，以达到纳税检查的目的。

⑥控制计算法。即根据有关数据间的相互制约原理，用可靠的计算数据来核实所纳税款是否正确。

（2）内部纳税检查重点

企业所纳税种繁多，因此，纳税检查的内容比较复杂，那么应着重检查哪些方面呢？一般应从如下几个方向入手。

①计税依据是否真实可靠。

- 对会计资料真实性进行检查。
- 对纳税调查项目真实性进行检查。

②所用税率是否合法适当。

- 对比例税率的检查。
- 对累进税率的检查。
- 对单位税额的检查。

③对缴纳税款的检查。

④对年末税款汇总清算或结算的检查。

⑤对纳税减免的合法性进行检查。

二、企业合法避税的主要方法

1. 利用税收优惠政策进行避税

税收优惠是我国吸引外资、鼓励投资的一种方式。税收优惠主要体现在以下几个方面。

(1) 税收减免

给纳税人一定的税收减免是对某些纳税人或保税对象给予照顾或鼓励的一种特殊措施。它有利于把税法的统一性和内在性、必要性、灵活性结合起来，解决征税过程中的各种特殊情况，更好地贯彻国家的税收政策。

(2) 起征点

所谓起征点，是规定一定的标准，达到或超过这个标准的就其全部数额征税，未达到这个标准的则不征税。**规定起征点，可以照顾到收入水平低的纳税人的负担能力。**

(3) 税收扣除

税收扣除是指在征税对象应纳税所得额中扣除一定的数额，只对超过扣除部分纳税。规定扣除数额是为了照顾纳税人的特殊需要。根据纳税人的不同，具体形式又有所区别：一是对个人所得额的扣除采取了规定生计费用额的形式，征税时扣除生计费用。我国个人所得税法规定，个人在我国取得的工资、薪金所得每月扣除3500元，就其超过部分征税。二是对法人所得的税收扣除。这种形式的扣除采取了规定允许税前列支项目的形式，直接缩小所得税应纳数额，减少纳税人的税赋。比如中外合资企业和外国企业所得税法中规定：公益、救济性的捐款可以作为成本费用列支。

(4) 优惠退税

退税是指税务当局直接减少纳税人应负担的税负。但是，并非所有退税都是税收优惠。**优惠退税有两种，即再投资退税和出口退税。**鼓励再投资退税，一般适用于所得税。我国在外商投资企业和外国企业所得税法中规定，对外国合营者从合营企业中分得的利润在中国境内再投资，期限连续不少于5年的，可凭接受投资企业的书面证明，报经原纳税地税务机关审查核准，退还再投资部分已纳所得税款的40%；当将再投资利润投资于高新技术产业等国家鼓励行业时，可以100%退还所得税。这不仅有利于吸引外资，而且有利于外商再投资。

(5) 盈亏互抵

盈亏互抵指准许企业以某一年度的亏损去抵消以后年度的盈余，以减少以后年度的应付税额，或是去冲抵以前年度的盈余，申请退税。这种优惠形式，对扶持新办企业的发展具有重要作用，对具有风险的投资有相当大的鼓励作用。但这种办法的应用，必须以企业亏损发生为前提，否则就不具有鼓励效果。其应用范围只能运用于所得税。

(6) 加速折旧

税收政策允许加速折旧，就会使投资者在最初几年内的成本增大而净所得减少，从而减少所得税负担，也使资金回收速度加快。

(7) 优惠税率

优惠税率是对合乎规定的企业给予较一般为低的税率。**这种优惠形式既有期限的限制，也可给予长期的优待**。通常，有期限的优惠税率的奖励程度要小于免税方法，但长期优惠税率的奖励的程度很可能会大于有期限的免税方法，尤其是需要大额投资且获利较迟的企业，常可以从长期优惠税率办法中得到较大的奖励。

(8) 税收递延

税收递延，又称税收延后、税负分期缴纳。这种形式是允许企业在合乎规定的年限内，分期缴纳应付税款。企业延期支付税款，也就相当于获得一笔无息贷款。

此外，还有税收饶让、税前还贷等形式。

接着，介绍一下利用税收优惠进行避税的主要形式和方法。

①通过利用减免税的形式避税。在减免税中，政策性减免和困难性减

免极易被利用来进行避税。目前，国家在税制改革后，虽然减少了减免税品种，缩小了减免税范围，但是对合资企业和国家扶持的一些新兴产业还有不少减免税优惠。由于我们税务人员执法不严，造成税收征管上漏洞很多，有些纳税人就千方百计地钻税收政策的空子，以达到减轻税负的目的。另外，不少老板利用困难性减免税进行避税，为了追逐更大的利益，减轻税收负担，一些企业采取“虚亏实盈”的策略，利用困难性减免定性不准的空子，骗取税务机关的同情，以达到享有困难减免的目的。还有的企业通过转移经营业务给关联企业的手法，转移收入和利润，造成本企业微利或亏损，然后，通过困难性减免达到避税目的。

②适应免税条件，调整企业内部要素的组成结构，进而达到避税的目的。这种避税方法通常用于已享受了部分减免税待遇的、安置残疾人员或安置待业青年的企业。

③利用企业的组建、分拆、嫁接、兼并、合并进行避税。有些老板将盈利较高的车间新组建成具有法人资格的企业，或嫁接成三资企业，利用国家对新建企业和合资企业的税收优惠，实现避税。**还有的通过企业间兼并，合并亏损企业，减少税赋，扩大企业自有财产**。另外，还有的企业将自己的盈利大的产品转让给其关联企业经营，减少本厂利润，增加关联企业留利。比如，三资企业不仅可以享受大量的税收优惠，而且还能获得许多诸如进出口贸易管理、外汇管理等方面的优惠。有些企业本来可以自己独立经营，但为了套取多方面的优惠，便在国外或港澳地区找个“合伙人”，挂上三资企业的牌子。

④利用税收优惠的过杂、过乱进行避税。拿三资企业来看，按地区论，可分为全国优惠条款、经济特区优惠条款、经济技术开发区优惠条款、沿海开放城市优惠条款、三角洲优惠条款、老市区优惠条款等不同层次。按企业投资人讲，又分成外国籍、港澳台胞、华侨，划分不同的税收优惠。还有的在国内按不同经济成分划分税收优惠条款，如新办企业的优惠条款，病残人员安置优惠条款，校办企业优惠条款等，造成的漏洞很多。

⑤利用国内税制与涉外税制的不统一进行避税。例如，某外商投资企业，为解决其原料来源和建立协作关系，以“租赁”形式获得了一国有企

业机器设备的使用权，除交付租金以外，拥有使用租赁设备所生产产品的所有权和经营权。国家对此没有明文规定，税务机关对其使用租赁设备生产的产品取得的收入，一律视为该外商投资企业的所得，享受各种涉外税收优惠，大大减少了其税赋。

⑥混淆一般纳税人和小规模纳税人税额的界线来避税。根据税法规定：小规模纳税人是指一些经营规模较小，会计核算不健全的纳税人。**划分二者的关键，是看会计核算是否健全，是否能够以规范化的方法计征增值税**。一般说来，以年销售额作为量化标准较合适，小规模纳税人的标准是年销售额在 180 万元以下的纳税人。但仅以年销售额作为唯一标准不行，还必须辅之以定性标准，即由税务机关来审定会计核算是否健全。由于该标准比较活，使一般纳税人和小规模纳税人之间界限变得模糊，两者间相互转化成为可能。而小规模纳税人与一般纳税人相比，销售货物不能收取增值税专用发票，而一般纳税人无此限制；小规模纳税人不能享受税款折扣权，一般纳税人则享有税款折扣权；小规模纳税人按征收率 6% 计算应纳税额，而一般纳税人按规定税率 17% 计算税额，这样二者转化就有避税意义。在适用的增值税率相同的情况下，起关键作用的是企业进项税额多少或者增值率的高低，增值率与进项税额成反比关系，与应纳税额成正比关系。

2. 通过转让定价法合法避税

转让定价又叫转让价格，就是指关联企业间转让产品、半成品、原材料或互为提供服务、专利权、秘密配方、资金信贷等各项活动所确定的企业集团内部价格。

在生产经营活动中，企业间的定价比较复杂，作为企业管理的一个重要因素，定价政策和程序是极度机密的，在秘密定价的背后，还可能涉及非法甚至是完全地下的活动，局外人难以获得定价的真实材料。联属企业间定价的极度机密性，可能掩盖了价格、成本、利润之间的正常关系，体现的是一种扭曲了的价格，这种关系经常会有利于投资经营者，而可能在一定程度上减轻纳税义务，但时常会使国家的税收收入流失。

连属企业之间的定价掩盖了价格、成本、利润之间的正常关系，体现在

母公司能够用低于成本的价格将商品销往位于低税区的子公司，或高于市场价格从子公司购进商品，这样做的最终结果，使母公司的价格状况出现不真实的反映，好像是母公司的经营管理不善，减少了利润出现了亏损。**而位于低税区的子公司，却只因为定价低等缘故而出现良好的财务状况。**

生产经营者在激烈的竞争中，为了取得最大限度的利润，满足其专业分工和协作的要求，一般在一个地方设立总部，在另外几个地方设立分支机构或子公司。连属企业转让定价的基本特征是，它受生产经营者的利益分配影响，不受市场一般供求关系的约束，对商品和劳务的内部交易往来实行了与独立公司之间的正常交易价格不同的计价标准，这样就有可能导致收入与费用的跨越地区、国界的不正常分配，造成了连属企业的各个利润中心账册上所反映的“会计所得”与根据各个所在国法律计算出来的“计税所得”严重偏离。

转让定价避税的主要方式包括以下几种。

①关联企业之间商品交易实行压低定价的策略，使企业应纳的流转税成为利润而转移，从而进行避税。如某橡胶公司是高税率产品税公司，为减轻产品税税负，将自制半成品按低价卖给了执行较低产品税的联营公司，虽然减少了本公司的销售收入和产品税，但是使联营厂多得了利润，公司反而多得了联营利润，从而达到了减轻税负的目的。

②关联企业间商品交易采取抬高定价的策略，转移收入，从而实现避税。有些实行高税率增值税的企业，在向其低税负的关联企业购进产品时，故意抬高进货价，将利润转移给关联企业，这样即可降低所得税负及“两金”的应纳额。**然后，从低税负的关联企业多留的企业留用利润中取得不当利润。**

③关联企业间采取无偿借款或支付预付款的方式，转移利息负担，从而实现避税目的。有些资金比较充足或货款来源较多的企业，因其税负比较重，往往采用无偿借款或支付预付款的方式将资金给其关联企业使用，这样，这部分资金所支付的利息全由提供资金的企业负担，增加了成本，减少了所得税负及“两金”的应纳额。

④关联企业间的劳务提供采取不计收报酬或不以常规计收报酬的方式转移收入，从而实现避税。如某些企业在向其关联企业提供销售、管理、

行政或其他劳务时，不以常规计收报酬，采取不收或是少收或是多收的策略相互转移收入进行避税。当对哪方有利时就向哪方转移。

⑤关联企业间通过有形资产的转让或使用，以不合常规的价格转移利润实现避税。有些企业（特别是国有大中型企业）将更新闲置的固定资产采用不合常规的低价销售或处理给某些关联企业，其损失部分由企业成本负担，减轻了所得税负。有些中型企业在租赁关联企业有形资产时，采用不合常规的高价支付，将高额利润转给了关联企业再从中获取个人和小集体的好处。

⑥关联企业间通过无形资产的转移和使用，以计报酬或不合常规价格转移收入，从而实现避税。有的中型企业将本企业的生产配方、生产工艺技术商标和特许权无偿或低价提供给一些有关联的企业，其报酬不由技术转让收入核算，而是从对方的保留利润中取得好处。**这样，不仅减少了税收，又可为企业解决福利及其他方面的需要。**

实行减轻集团整体税负为目标的转让定价的基本做法是：在关联公司间进行的货物、劳务、技术和资金等交易中，当卖方在高税区而买方在低税区时，其交易就按低于市场价格的内部价格进行；而当卖方在低税区而买方在高税区时，其交易就按高于市场价格的内部价格进行。

3. 通过材料计算法合法避税

材料计算法，是在纳税人计算材料成本时，选择使成本值最大，而库存材料资金占用最少的成本计算方法，从而减少纳税负担的避税方法。

在市场经济中，材料价格是随供求关系变化而不断波动的。因此，国家不可能控制材料价格。于是，我国会计制度改革中确立了实际成本的原则，企业对发出耗用的材料，可以选择个别认定法、先进先出法、后进先出法、加权平均法、移动平均法等来计算和结算其成本。这就为企业利用这些方法避税提供了条件。下面举例来说。

例　某企业为保证生产正常进行，需要有可供一年生产的原材料。该企业在一年中分5次进货，每次进货及发货的数量和价格见下表（见表8－1）。到年底，该企业共生产100 000件产品（假定每产品耗费原材料1件），并以每件价格20元出售。又假定其营业费用和营业收入应付税金为每件产品5元，我们来比较各种发出原材料的计价方法对所征税额的不同影响。

①运用个别认定法计算，其营业成本加上营业费用和营业收入应付税金总和的成本为1 710 000元；营业利润等于营业收入减去总成本，为290 000元；按照累进所得税率计算，应纳所得税额为144 670元。

表8-1　　某企业一年进货的成本和数量

日　期	数量（付）	单价（元）	金额（元）
1月1日	20 000	10	200 000
3月1日	80 000	14	1 120 000
5月1日	60 000	11	660 000
8月1日	20 000	13	260 000
11月1日	90 000	15	1 350 000

②运用先进先出法计算，其总成本为1 820 000元；营业利润为180 000元；从而，该企业应纳所得税额为84 570元。

③如果运用后进先出法计算，其总成本为1 980 000元；营业利润为20 000元；从而，该企业应纳所得税额为5 920元。

④运用加权平均法计算，其总成本为1 830 000元；营业利润为170 000元；从而，应纳所得税额为79 270元。

⑤运用移动平均法计算，其总成本为1 824 100元，营业利润为175 900元；从而，应纳所得税额为82 397元。

从以上五种计算结果来看，显然，个别认定法计算出来的税额最高，而后进先出法计算的税额是最低的，前后相差24倍之多。其主要原因是，在本年度中，实际消耗的原材料中进价较低的所占比重较大，单价为10元的占10%，单价为11元的占60%，而单价为15元的只占30%，这样计算出来的税额自然很高。但是，本年度后进的原材料中，进价较高的所占比重很高，如单价15元的占90%之多，而单价13元的只占10%，因此，计算出来成本就很高，从而其利润便很低，所纳税额也就小。**所以，企业应该根据进货的具体情况，选择对自己有利的计算方法，以便减轻税收负担。**

4. 通过费用分配法合法避税

费用分配法，是指企业根据不同时期的具体情况，选择不同的费用分摊方法，从而减轻纳税负担的避税方法。一般来说，企业纳税负担较重时，往往选择多摊费用，以便使利润最小，而在纳税较轻时，往往选择少摊费用，以便使亏损最小。目前，在我国企业中，采用费用分配来避税，主要有三种做法：平均分摊法、实际费用分摊法和不规则摊销法。下面举例说明。

例 某加工企业由于不同季节对生产费用的要求标准不同，其每个季节的各项费用也不同（见表8－2）。

假定该企业一年内的销售收入分别为：一季度＝45 000元；二季度＝32 000元；三季度＝48 000元；四季度＝49 000元。

①当企业采用实际费用分摊法计算时，第一季度的利润为：45 000－27 000＝18 000（元）

表8－2 **某加工企业各季度的费用** 单位：元

季次 费用	一季度	二季度	三季度	四季度
劳务费	16 000	17 000	20 000	21 000
管理费	5 000	4 000	7 000	5 000
其他费用	6 000	4 500	5 500	4 500
合计	27 000	25 500	32 500	30 500

按照累进税率制（不同税率从略），该企业应纳税额为：

(18 000－7 500) ×24% +7 500×5% =2 895（元）

其税收负担为：

$$\frac{2\ 895}{18\ 000}\times 100\% = 16.08\%$$

第二季度利润为（以下计算过程从略）：6 500元；应纳税额为：325元；税负为：5%。

第三季度利润为：15 500元；应纳税额为：2 295元；税负为：14.8%。

第四季度利润为：18 500 元；应纳税额为：3 015 元；税负为：16.3%。

从而该企业纳税总额为 58 500（元）；总税负为：14.6%。

②如果企业采用平均分摊法计算，那么，平均起来的单位销售收入所含费用就变为：

$$\frac{27\ 000+255\ 000+32\ 500+30\ 500}{45\ 000+32\ 000+48\ 000+49\ 000}=0.663\text{（元）}$$

这样，第一季度的利润便为：

$45\ 000-(45\ 000\times0.663)=15165$（元）

应纳税额为：

$(15\ 165-7\ 500)\times24\%+7\ 500\times5\%=2\ 214$（元）

承担的税负为：

$$\frac{2\ 454}{15\ 165}\times100\%=16.1\%$$

第二季度的利润为（以下计算过程从略）：10 784 元；应纳税额为：788 元；税负为：7.3%。

第三季度利润为：16 176 元；应纳税额为：2 457 元；税负为：15.2%。

第四季度利润为：16 513 元；应纳税额为：2 538 元；税负为：15.4%。

从而，该企业全年交纳税收总额为：7 997 元；总税负为 13.5%。

从上述两种费用分摊法的计算结果来看，平均费用分摊法，是抵消利润、减轻税负最好的分摊法。

不规则摊销法是根据经营者需要进行的费用分摊，因而，这种方法更灵活。**特别是在企业经营不稳定时，每一季的利润差别较大，使用不规则，可以起到平衡作用**。一般做法是：收入高时，多摊费用；收入低时，少摊费用，从而最大限度地减轻税负。

5. 通过存货计价方式合法避税

存货就是指企业为了销售或制造产品而储存的一切商品或货物。**在一定会计期间，对于相同项目的存货，其期初存货和本期内各次购进、生产的单位成本（或称单价）是有所不同的**。要确定存货发生后的存货成本的发生额和结余额，应采用一定的方法进行计算，通过确定销货成本确定企业的净收益。

实际工作中，期末存货的计价方法可概括为两大类：一类是以实际存货流转为基础的实际成本计价法；另一类是以假设的存货流转为基础的假设成本计价法。前者主要是指分批确认法，后者以假定的存货收发次序计算存货成本，主要包括先进先出法、后进先出法、平均成本法。西方国家还有成本与市价孰低法等。

下面针对材料价格变动，材料成本采用不同的假设成本计价法对企业利润和所得税的影响进行实例分析。

例 例天河公司 2009 年购进材料情况如下表（表 8－3）所示。

表 8－3　　天河公司进货数量价格表

项目 / 资数	数量（公斤）	单价（公斤）	总价（元）
1	3 250	15	48 750
2	1 500	22	33 000
3	4 750	21	99 750
4	3 000	20	60 000
5	3 250	22	71 500

2009 年，天河公司生产产品 5 000 件，并全部售出。单位产品市场售价为 40 元，单位产品生产耗用材料 1 公斤，除材料费用外，其他费用开支每件产品 10 元，该企业所得税率为 33%。

采用不同的材料计价方式，该公司本年度销售产品的材料成本、销售收入、税前利润、应纳所得额分别如下：

①采用先进先出法，则

材料成本 = 15 × 5 000 = 75 000（元）

销售成本 = 75 000 +（5 000 × 10）= 125 000（元）

销售收入 = 5 000 × 40 = 200 000（元）

税前利润 = 200 000 － 125 000 = 75 000（元）

应纳税额 = 75 000 × 33% = 24 750（元）

②采用后进先出法，则

材料成本 =5 000×22 =110 000（元）

销售成本 =110 000 + （5 000×10） =160 000（元）

销售收入 =5 000×40 =200 000（元）

税前利润 =200 000 − 160 000 =40 000（元）

应纳税额 =40 000×33% =13 200（元）

③采用加权平均法，则

$$\text{单位材料成本} = \frac{3\ 250\times15+1\ 500\times22+4\ 750\times21+3\ 000\times20+3\ 250\times22}{3\ 250+1\ 500+4\ 750+3\ 000+3\ 250}$$

$$=19.87\ (\text{元})$$

材料成本 =5 000×19.87 =99 350（元）

销售成本 =99 350 +50 000 =149 350（元）

销售收入 =5 000×40 =200 000（元）

税前利润 =200 000 − 149 350 =50 650（元）

应纳税额 =50 650×33% =16 714.5（元）

从上例可看出，企业采用不同的存货计价方式，其应纳所得税额也有差异。采用先进先出法，企业所得税负担最重，加权平均法次之，后进先出法最轻。这是由于在通货膨胀的环境中，后入库存货的取得成本大于先入库存货。后进先出法下，发出存货的成本大于结余（库存）存货的成本，进而增大了商品销售成本，从而减少了当期收益和应交所得税。**先进先出法则正好与之相反，平均成本法对应交所得税的影响则处于上述二者之间**。由此可见，在通货膨胀条件下，存货计价采用后进先出法有利于减轻企业所得税负担。

6. 通过折旧计算避税法合理避税

计提折旧是对企业固定资产予以补偿的基本方法，没有折旧的提取，企业的简单再生产和扩大再生产均不可能实现。折旧作为企业的经营费用或管理费用，其大小直接影响到企业的各期损益，进而影响企业当期应纳所得税额。

计提固定资产折旧的方法很多，通常可归纳为以下三种：①直线法。也叫平均使用年限法，按固定资产使用年限平均计算使用期内各年的折旧额。②自然损耗法。按固定资产自然磨损程度计提折旧，其特点是折旧额计提先少后多。③快速折旧法。按固定资产的有形与无形损耗和科技进步造成的原有设备贬值程度，采用短于机器设备的实际使用年限的期间来计提折旧，所有折旧在固定资产使用寿命完结的若干年前就已提完，其特点同自然损耗法相反。

不同的折旧方式表现在固定资产的使用年限内，计入各会计期纳税期的折旧额会有所不同。在直接法下，计入各期的折旧前期少而后期多，从而使企业前期利润增大而后期利润减少。在快速折旧法下，情况正好与自然法相反。折旧方式的不同选择，影响到企业利润在年度间的均衡。通常，快速折旧导致企业各年度利润波动大，自然损耗法次之，而直线法则使企业的损益保持相对均衡。由此而知，若企业所得税适用累进税率，从长期看快速折旧法和自然损耗折旧法将会造成平均边际税率偏高，从而增加企业的税收负担。在这方面，快速折旧法比自然损耗法尤甚，而直线法则使企业税负最轻。在企业所得税实行比例税率的情况下，在固定资产使用期内，上述三种方法使折旧影响约税金额的总数相同，由于不管利润在哪一期实现，只要利润额不变，其应承担的所得税额也就不变。但进一步分析便会发现，同直线法相比，快速折旧法滞后了纳税期，可得到递延纳税的好处；而自然损耗法则提前了纳税期，将受到提前纳税的损失。**在这一点上来讲，优化纳税的折旧方式的选择顺序应是：快速折旧法、直线折旧法、自然损耗折旧法。**

下面结合几个案例来具体分析一下折旧期限的长短对企业所得税的影响。

①利用延长折旧年限而产生的时间差进行避税。

例 长进公司有一台机器设备，原价为28 000元，残值按原价的10%估计，在通常情况下应5年提完折旧，每年应提的折旧额为5 040元，若公司将折旧期延长为7年，则每年应提取折旧3 600元，这样在最初的5年中，每年将少提折旧1 440元，5年共7 200元，以后两年每年各提折旧3 600元，共计也是7 200元。前5年少提折旧数与后两年多提折旧数正好相抵，并不影响公司7年利润总额，企业也未因此而多交或少交所得税。只是因前5年少提折旧多算了利润，从而将后两年应缴纳的所得税提前在前5年缴纳。

这种情况对享受所得税优惠待遇的企业而言，则会有所不同。假定公司设备开始折旧年度与公司开始获利年度相同，前两年免交所得税，后三年减半征收，则各年应交所得税额见表8－4。

表8－4　　长进公司应交所得税情况表　　单位：元

年度	应提折旧	实提折旧	多计或少计利润	多交或少交所得税
1	5 040	3 600	+1 440	0
2	5 040	3 600	+1 440	0
3	5 040	3 600	+1 440	+237.6
4	5 040	3 600	+1 440	+237.6
5	5 040	3 600	+1 440	+237.6
6	0	3 600	－3 600	－1 118
7	0	3 600	－3 600	－1 118
合计	25 200	25 200	0	－1 663.20

可见，折旧期的延长使公司少交所得税1 663.20元，公司可利用延长折旧期引起的时间差减轻税负。因税法对此并未加以限定，这样减轻纳税义务的行为应是合法的。**延长的折旧期越长，避税额也就越大。**

②缩短折旧年限产生的时间差进行避税。缩短固定资产的折旧年限，进行加速折旧是企业减轻税负的常用方法。比如，天河公司有一辆价值60 000元的货车，以残值为原价的10%估算，根据税法规定，折旧期限为5年，每年应提的折旧数额为10 800元。现在公司将折旧期限缩短为三年，每年提取折旧18 000元。这样在开始的3年每年多提折旧7 200元，3年共计21 600元；以后两年每年少提折旧10 800元，两年共计也是21 600元。总的来看，前3年多提折旧数与后两年少提折旧数正好相低，并不影响5年的利润总额，因此不影响公司应交的所得税额。但因前3年少算了利润，后两年多交了利润，以致将前三年应交的所得税推迟到后两年去补交。

例　某县一企业有固定资产原值80 000元，使用年限为5年，预计残值为2 000元。5年内，企业未扣除折旧的利润及产量如下表所示（见表8

－5)，假定该企业所得税适用于33%的比例税率。

表 8－5　　某企业年利润（含折旧）和产量

年　限	未扣除折旧利润（元）	产量（件）
第一年	40 000	400
第二年	50 000	500
第三年	48 000	480
第四年	40 000	400
第五年	30 000	300
合计	208 000	2 080

我们分别用直线法、工作量法、双倍余额递减法和年数总和法来计算各年的折旧额、利润额（计算过程和结果从略），最后得到各年的应纳所得税额如下表（见表 8－6）。

表 8－6　　各种不同折旧方法下的应纳税额　　单位：元

年限	直线法	工作量法	双倍余额递减法	年度总和法
第一年	8 052	8 250	2 640	4 620
第二年	11 352	10 312.5	10 164	9 636
第三年	10 692	9 900	12 038.4	10 692
第四年	8 052	8 250	10 678.8	9 768
第五年	4 752	6 187.5	7 378.8	8 184
合计	42 900	42 900	42 900	42 900

从表中读者一眼可看出，用 4 种不同的方法计算出来的累计应纳税额在量上是相等的，均为 42 900 元。既然如此，何谓避税呢？

实际上，这只是从静态来看的，而没有考虑货币的时间价值。下面在假定市场利率即贴现率为 10% 的条件下，我们把各年的应纳税额都折算成现值。

（1）运用直线法折旧，应纳税额的现值为：

$$8\,052+\frac{11\,352}{1+10\%}+\frac{10\,692}{(1+10\%)^2}+\frac{8\,052}{(1+10\%)^3}+\frac{4\,752}{(1+10\%)^4}$$

$=38\,984.2$ 元

(2) 运用工作量法折旧，应纳税额的现值为（下面的计算过程从略）：36 231.5 元。

(3) 运用双倍余额递减法折旧，应纳税额的现值为：34 829.1 元。

(4) 运用年数总和法折旧，应纳税额的现值为：35 145 元。

从以上的计算结果可看出，运用双倍余额法折旧时，所交税额的现值最少，年数总和法次之，而用直线法折旧计算的税收现值最多。其原因在于，双倍余额法和年数总和法都属于加速折旧，因而，在最初的年份里提取了更多的折旧，这样，冲减的税基也较多，使应纳税额减少，这相当于企业取得了一笔无息贷款。

7. 通过租赁避税法合法避税

租赁分经营性租赁和融资性租赁。对于经营性租赁，租出的固定资产由出租方计提固定资产折旧费；对于融资性租赁，固定资产计入承租方资产中，由承租方计提固定资产的折旧费。不过，无论是经营性还是融资性租赁，在减轻纳税负担上都是有利的。从承租方而言，可以避免因长期拥有设备而承担的风险，并以支付租金的方式，冲减企业的利润，缩小税基，减轻纳税负担。**对出租方来讲，不仅可以不用操心就可获得租金，并可享受较为优惠的税收待遇。**

大体来说，采用租赁来避税有以下两种基本方法：

(1) 集团内部租赁避税法

在企业划小核算单位的情况下，企业将房屋、建筑物、机器设备等以较低的租金水平租给所属的独立核算的经营单位使用，这样，一方面集团总部仍按照固定资产折旧，而所属经营单位的租金支出，又以各种成本、费用列支，同时，房产税也改按租金收入的12%交纳，这就大大地减轻了企业的房地产税的负担。

例 某集团内部有A、B、C三个企业，A企业购买设备后验收，记入固定资产账户。过段时间后，再以较为正常的价格出售给B企业，从而使该设备以自己使用过的物品名义出售出去。而B企业再以较低价格将该设备出租给C企业，这样集团总体上照提了固定资产的折旧费，B企业按租金收入的5%交纳营业税，而C企业的租金支出计入成本费用，按33%的比例减少应交的所得税。

（2）集团外部租赁避税法

企业从外部融资租入固定资产，由于它计入了企业的固定资产，必定会因增加企业固定资产折旧费，相应减轻企业的纳税负担；同时，融资租入固定资产而发生的长期应付款，其利息负担往往直接计入企业的财务费用，这样也会因利润的减少而相应减少应交纳的所得税。

例 某一利益集团中企业甲将其十分赢利的聚乙丙烯生产车间、设备及产品生产权租给企业乙，全部资产核定价值为2 500万元，年租金250万元，该产品生产的年利润为700万元，适用税率见表8－7。

表8－7 该生产企业适用所得税税率表

利 润 收 入	适 用 税 率
50万以下	20%
50万～200万	35%
200万～500万	50%
500万～800万	75%
800万以上	85%

该企业在未付租金时应纳税款：

（700万元－500万元）×75%＋（500万元－200万元）×50%＋（200万元－50万元）×35%＋50万元×20%＝362.5万元

税负为：（362.5万元/700万元）×100%＝51.79%

扣除租金后的纳税额为：

（450万元－200万元）×50%＋（200万元－50万元）×35%＋50万元×20%＝187.5万元

税负为：（187.5万元/450万元）×100%＝41.66%

按同一税率表纳税，租金收入年纳税额为：

（250万元－200万元）×50%＋（200万元－50万元）×35%＋50万元×20%＝87.4万元

税负为：（87.7 万元－250 万元） ×100% =35%

扣除租金后，企业乙纳税额和企业甲租金收入纳税额共计：

187.5 万元 +97.5 万元 =275 万元

该纳税总额占企业乙未付租金时全部利润的百分比为：

（375 万元/700 万元） ×100% =39.28%

承租后，该生产车间少纳税额 362.5 万元－275 万元 =87.5 万元

承租后，税负减轻：

〔（51.79%－39.28%）/51.79%〕 ×100% =24.16%

租赁产生的避税效应十分明显。此种避税效应并非只能在同一利益集团内部实现。即使在专门租赁公司提供租赁设备的情况下，承租人仍旧可以获得税收上的好处。

8. 通过利润分配避税法合法避税

企业投资的目的就是为了获得更多的利润，预期利润水平的高低，是确定投资规模和方向的重要因素。同时企业进行投资活动已经获得了利润，如何分配的问题不仅关系到企业未来的发展，同时也涉及一系列的税收问题。正视利润分配过程中征纳税行为的存在，并尽可能采取一定的措施和手段，减少或降低利润分配过程中的税收成本，这也是企业进行经营决策的重要环节。在利润分配过程中往往涉及以下与税收行为有关的问题。

（1）税利的分配次序问题与避税

税利的分配次序，简而言之，就是先税后利、还是先利后税。具体来说，就是指企业的收入减去成本后的余额，是先以企业的毛利缴纳所得税后，再分配给各个投资者，还是先分配给各个投资者，再由他们自行缴纳税款。这两种分配次序所导致的结果会有相当大的区别。从税收负担上来看，在适用累进税率的情况下，若是先缴税后分利，则因所得额大而适用较高的税率，从而税收负担是非常重的。而先分利后缴税，则因各个投资者分到的利润数额相对比较小，适用较低级的税率，从而税负较轻。在税收政策上，国家往往让投资者在利润分配次序上有一定的选择余地，这样可用来进行有效的税收筹划，实现减轻纳税义务的目的，现举例说明：

例 金河公司2008年度获得利润为1 500万元，其中该公司是由三方共同投资兴办的，三方均衡投资，平均分配利润，适用的税率为五级超额累进税制（见表8－8）。

表8－8 **五级超额累进税率表**

级距	所得	适用税率
1	0～100万元	10%
2	100万～200万元	20%
3	200万～300万元	30%
4	300万～500万元	40%
5	500万元以上	50%

现对比两种情况下的税负情况：

①先税后利

1 500万元的应税所得应负担的税款：

100×10%＋（200－100）×20%＋（300－200）×30%＋（500－300）×40%＋（1 500－500）×50%＝640（万元）

每个投资者实得利润：

（1 500－640）/3＝286.7（万元）

②先利后税

1 500万元平均分配给每一个投资者，每一个投资者按自己所得利润的多少，向税务当局申报纳税，每一个投资者获得利润为500万元。

500万元与适用税率及应纳税额：

100×10%＋（200－100）×20%＋（300－200）×30%＋（500－300）×40%＝140（万元）

在这种情况下，1 500万元与合计的税额为：

140×3＝420（万元）

每个投资者实得利润为500－140＝360（万元）

通过以上两种情况的比较，可以看出，采用先利后税和先税后利，其税负是不同的，投资者实得的利润也不相同。

另外，从法律地位上看，通常是先征税后分利，等于将该企业当作一个法人对待；而先分利后纳税，则该企业不被看作一个法人实体，不具有独立的法人地位。

在税利分配的先后次序上，各国往往都形成了一定的惯例，可供参考。

①对若干投资者共同组成的经济实体，如果其在组建时采用股份有限公司的形式，则可采取先征税后分利润的处理办法，由于各国在法律上都把股份有限公司和其投资者（股东）区分开来，他们之间不具有同一法律实体，所以可对公司的毛利润先征收一道公司税，在分配股息后，根据股东的不同情况采用不同的征税办法。

②对若干投资者共同组成的非法人实体中具有合伙性质的各类企业，则可采取先分利后征税的办法。这是因为许多国家的法律都不把合伙企业作为具有独立法人地位的实体对待，从而可先分利，后由各合伙人就分得的利润分别纳税。

（2）不合理保留利润与避税

因为企业的税后利润可以以股票增值的方式在企业内部暂不分配，故引起了不合理留利的问题。假如企业的税后留利是为了生产经营上的目的，则对这种留利暂不课征个人所得税。每个企业都有权使用自身的盈利来扩展生产经营活动，但某些企业利用这种情况，进行不合理的留利，用来逃避股东的个人所得税税负，或将理应为股东个人收入的股息所得，用企业留利方式转为股东的资本利得（许多国家对资本利得征收的税率要低于股息所得），以享受低税率的优待，同样可实现逃避个人所得税的目的。

通常，不合理保留利润是和未分配利润联系在一起的。未分配利润就是指一个公司在缴纳公司所得税后，剩下的利润扣除作为股息分配给股东们的份额后的余额。**若保留下来的余额超过了合理正常的需要，那么在税法上就会被看作不合理的保留利润**。当然，合理的留利为企业发展提供了非常重要的资金来源，这样做有可能避免股票净值被冲击和固定利息的负担。但是，未分配利润超过了合理的界限，就很容易让人们把它和避税的行为联系在一起。

这里的关键是确定企业合理留利的界限。各国的税法中都有一个明确的界限，若超过了这一界限，就要征收未分配的利润税。比如印度规定，确定不合理保留利润，是按总收入额减去已纳税收和税法允许扣除的各项金额后的余额的一定比例，制造业、矿山、发电公司为45%，其他公司为60%，若这些公司对税后利润作股息分配时未达到这一标准，就征税。从当前情况看，通常不分配股息或全部作为股息分配的很少。究竟在可分配利润中，多少用于股息分配，多少用于保留利润，要受股东对股息需求情况的影响，受企业筹措资金的难度及缴纳税款的影响。

9. 通过筹资避税法合法避税

筹资避税法，就是企业选择有效的筹资方式，使企业对资金的使用效率最大，获利水平最高，而纳税负担最轻的避税方法。因此，企业不仅要筹集足够的资金，而且应该从税收的角度出发，选择使税收负担最低的筹资方式。

从避税的角度来讲，贷款、拆借和集资都存在着还本付息的问题，都可以利用利息摊入成本的方法不同，以及摊入数额多少不同，达到避税的目的。因此，筹资避税法，实际上有以下三种。

(1) 利用向金融机构贷款避税

这种方法就是利用提高利息支付，来减少企业利润，抵消所得税税额。特别是在银行商业化以后，银行也会处于同样的目的，与企业私下达成某种协议，由银行得高贷款利率，增大企业利息支出；然后，银行再以其他形式将获得的高额利息返还给企业一部分，或以更方便的形式为企业提供经济担保、贷款及其他金融服务，例如及时办理结算，缩短结算时间，满足企业现金需要，办理商业汇票贴现等。

(2) 利用资金拆借避税

这种方法，是利用拆借资金在利息计算方面和回收期限方面有较大弹性，来提高利息支出，减少企业利润，抵消纳税金额。

在我国税法中，已经明确规定，向社会和企业间拆借资金的利息，如果高于银行同期借款利息，不得在税前列支。因此，企业为了避税，只能扩大拆借资金的计息基数，或者延长拆借资金的计算期限，来相对降低资金利息，使税后列支的利息转化为税前列支。

例 有A、B两家企业，A企业向B企业拆借资金500万元，拆借期限为1年，拆借年利率为25%。因拆借利率高于同期银行贷款利率，其利息支付不得在税前列支，所以，这两家企业经协商，达成共识，拆借利率仍为25%，但分两年支付，从而将年利率变为12.5%，使之降到银行同期贷款利率以下。但是，拆借资金的实际使用年限仍为一年，一年到期后，由A企业向B企业归还拆借资金的一半，即250万元，而另外的一半再以预付款或保证金等形式转移到B企业，使B企业在一年后实际上收回拆借出去的全部资金即500万元，然而在名义上，一年只收回250万元，分两年收回。

(3) 利用集资避税

这种方式避税，是在企业发行债券时，提高债券的券面利率，来减少计税利润。在我国，虽然已明确规定，企业发行债券的利率不得高于银行同期储蓄定期存款利率的40%，但企业可以采用变通办法如低价发行债券，使实际利率高于银行同期存款利率水平。另外，通过向企业内部职工发放债券利息，增加了企业对职工的转移支付，既不受计税工资标准的限制，又可在税前列支，减轻企业所得税负担。

例 比如某纺织厂利用十年时间积累起1 000万元，用这1 000万元购买设备，进行投资收益期为十年，每年平均盈利200万元，且该纺织行业适用税率如下表8－9：

表8－9　　纺织厂适用所得税税率表

利润收入	适用税率
50万以下	15%
50万~100万	25%
100万~150万	35%
150万~200万	45%
200万以上	60%

这样该纺织厂盈利后每年平均纳税：

(200 万元 - 150 万元) ×45% + (150 万元 - 100 万元) ×35% + (100 万元 - 50 万元) ×25% +50 万元 ×15% =60 万元

税负为：(60 万元/200 万元) ×100% =30%

十年纳税总额为：60 万元 ×10 =600 万元

如果该企业不用自己积累资金的办法，而用向银行或其他金融机构贷款的方法，则该纺织厂为积累这 1 000 万元所需要的十年时间可以节省下来。假如在这积累资金的十年里，企业从银行贷款投资，贷款投资额为 1 000万元，年平均盈利仍为 200 万元，利息年支付 15 万元，扣除利息后，企业每年收入 185 万元，这时企业每年纳税额为：(185 万元 - 150 万元) ×45% + (150 万元 - 100 万元) ×35% + (100 万元 - 50 万元) ×25% +50 万元 ×15% =53. 25 万元

税负为：(53. 25 万元/185 万元) ×100% =28. 24%

十年纳税总额为：53. 25 万元 ×10 =532. 5 万元

银行所得利息按 15% 税率纳税，银行年纳税为：

15 万元 ×15% =2. 25 万元

十年共纳税：2. 25 ×10 =22. 5 万元

显然对纺织厂来说，以贷款方式进行投资有许多好处。首先，纺织厂可以提前十年进行它所需要的投资活动，提前十年给它带来的时间效益是难以用金钱计算的。其次，贷款使企业承担的资金风险减少，企业不会对资金投放和回收承担全部责任。再次，企业税负减轻了。最后，在原来积累资金的十年中，企业获得了高达 1 850 万元的直接利润，为企业今后发展奠定了基础。

例　企业甲和企业乙为实现合法避税，他们以相互间融资的形式相互提供投资资金，企业甲为企业乙提供 1 000 万元资金，企业乙为企业甲也提供 1 000 万元资金，双方各为对方提供资金，企业甲投资的回收期为 10 年，企业乙的投资回收期为 8 年，企业甲向企业乙收取的融资利息为年息 31. 25%，企业乙向企业甲收取的利息为年息 25%，企业甲十年中年平均盈利 100%，企业乙 8 年中年盈利为 100%。当企业甲、乙适用下列所得税税率（见表 8 - 10）时：

表 8－10　　企业甲乙适用所得税税率表

利　润　收　入	适　用　税　率
10 万以下	15%
10 万～30 万	30%
30 万～70 万	50%
70 万以上	75%

企业甲在未付息前应纳税额：

（100 万元－70 万元）×75%＋（70 万元－30 万元）×50%＋（30 万元－10 万元）×30%＋（10 万元）×15%＝50 万元

税负为：（50 万元/100 万元）×100%＝50%

企业甲在付息后纳税额为：

（企业甲年利润）－（年息）＝100 万元－25 万元＝75 万元

（75 万元－70 万元）×75%＋（70 万元－30 万元）×50%＋（30 万元－10 万元）×30%＋10 万元×15%＝31.25 万元

税负为：（31.25 万元/68.75 万元）×100%＝45.45%

企业甲从企业乙得到融资利息收入的纳税额为（利息、股息均按 15% 纳税）：

31.25 万元×15%＝4.687 5 万元

企业乙在未付息前应纳税额为：

（125 万元－70 万元）×75%＋（70 万元－30 万元）×50%＋（30 万元－10 万元）×30%＋10 万元×15%＝68.75 万元

税负为：（68.75 万元/125 万元）×100%＝55%

企业乙付息后应纳税额为：

企业乙年利润年息＝125 万元－31.25 万元＝93.75 万元

（93.75－70 万元）×75%＋（70－30 万元）×50%＋（30 万元－10 万元）×30%＋10 万元×15%＝45.312 5 万元

税负为：（45.312 5 万元/93.75 万元）×100%＝48.33%

企业乙从企业甲得到的利息收入的纳税额为（利息、股息均按 15% 计算）；

25 万元 ×15% =3.75 万元

将企业甲、乙分别付息、收息后的利润收入及纳税额作一调整，企业甲、乙的税负、纳税额、利润分别为：

企业甲调整利润为：100 万元 -31.25 万元 +25 万元 =93.75 万元

纳税额为：31.25 万元 +4.6785 万元 =35.928 5 万元

税后利润额为：93.75 万元 -35.9285 万元 =57.821 5 万元

税负为：（35.928 5 万元/93.75 万元） ×100% =38.32%

与未付息前（即全部投资都为自己筹集时）多留利润：57.821 5 万元 -50 万元 =7.821 5 万元

少纳税额：50 万元 -35.928 5 万元 =14.071 5 万元。

减少税负：〔（50% -38.32%）/50%〕 ×100% =23.36%

企业乙调整利润为：

125 万元 +31.25 万元 -25 万元 =131.25 万元

纳税额为：45.312 5 万元 +3.75 万元 =49.062 5 万元

税后利润额为：131.25 万元 -49.062 5 万元 =82.187 5 万元

税负为：（49.062 5 万元/131.25 万元） ×100% =37.38%

与未付息前（即全部投资均假设为自己筹资时）多留利润：82.187 5 万元 -68.75 万元 =13.437 5 万元

少纳税额：68.75 万元 -49.062 5 万元 =19.687 5 万元

减少税负：〔（55% -37.38%）/55%〕 ×100% =32.04%

显而易见，企业之间相互拆借资金的效果明显好于完全靠自己筹资进行投资。也好于银行等金融机构贷款。它不仅使企业的税后利润的相对增加，也使企业税后利润的绝对额增加；它不仅使企业缴纳的税额、税负的相对值减少，也使缴纳的税额、税负的绝对值减小。避税是十分成功的，且企业利益得到极大满足。

10. 运用投资避税法合法避税

企业在投资过程中，也有多种方法可以避税。

（1）通过税赋转移避税

合作企业的外方抽回资本本息时，使税赋发生转移，从而避税。

目前，有一种合作企业需定期偿付外方的本金和利息。固定向外方支付利润的生产性合作企业数量很多，它们利用包税条款转移税收进行避税。**特别是那些组成法人的合作企业，它们的所得税由双方分别缴纳变为合作企业统一缴纳。**

(2) 利用投资总额与注册资本的比例严重失调避税

这种方式在国内企业间相互投资，也会出现利用二者的不一致达到避税的情况。

现在税法及其他有关经济法规定，投资总额必须要同注册资产成比例。300 万美元以下的合资企业，注册资本应与投资总额相一致。但是，在具体法规执行中存在这样的案例：一方面中外双方为了得到政府的许可和批准，故意压低投资总额，使注册资本与投资总额形式上成比例，实际情况远非如此；另一方面，有关项目的审批部门或一些地方领导为了吸引外资，对可行性报告及合同缺乏逻辑审查或有意放行，致使这方面的漏洞越来越多，给避税带来可乘之机。

(3) 收购亏损企业避税

一般税法中规定亏损准予结转。有盈利的老板往往通过收购有累积亏损的企业，以合并或其他方法，将利润转移到亏损公司账面上，表面上是冲抵亏损，实质上是隐蔽利润，减少税收负担，同时也可以改变亏损企业的营业，使它和本公司经营同样有利润的生意，利用其累积亏损抵消将来的利润，一样可以达到避税目的。

(4) 外商在订合同或购进设备时，提高设备价格以避税

在合资经营合同中，外商如果以机器设备投资，就人为地加大投资额，虚增固定资产原值，达到多计提折旧，少交所得税的目的。

(5) 通过延长投入资本的期限进行避税

合资企业应按照合同的规定，在约定的期限内将资本投进去。**在合资各方已确定投入资本时，采用一次性资金全部到位和分次投入资本是不相同的。**从税收效应看，可以达到避税的效果。有的投资方往往通过拖延资金投入时间，达到少投入资金，却可多分得利润的目的，同时资金本身还

存在着时间价值问题。

一般人总误以为节税就是逃税，事实上这是大有差别的！节税是在法令内准许进行，而逃税却是违法行为，立场完全不同。

有些人虽不甘缴税，但却又不敢逃税，这实在是富有得太痛苦。然而高明的人却懂得利用“没有所得收入而能增加资产”的方法来解决一些困扰。

最常见的是“借钱买不动产”，如 20 年前买入 3 000 元/平方米的土地 100 平方米，如今涨到 10 万元/平方米。虽然增值那么多，唯因土地没卖出，因此就无所得税或增值税的烦恼。

即使在土地上建造房屋，只要房屋租而不售，其缴税额即有限，因为房屋租金收入还可以扣除相当部分的修缮费。

这种借钱买土地且只租不售的方法，既可确保资产价值，又无所得发生，不失为一种节税策略；唯必须考虑的是利息支付问题，以免土地尚未处理，即被利息压垮！

另外一种方式，就是将家族企业赚的钱予以盈余转投资，待企业规模扩充至某种阶段后，再办理股票上市。如此，则原本一股十元的股票，售出后可能就获得数倍，而且证券交易所得目前税率又不高，故资产虽增加，但税负却没什么负担，可谓一鱼数吃。

11. 新产品定价避税法合法避税

新产品避税法，就是企业利用国家鼓励新产品的税收优惠，达到减轻纳税负担的一种避税方法。目前，企业利用新产品避税，主要有以下四种方法。

①投资新产品，降低投资方向调节税负担。我国固定资产投资方向调节税的税率分为：0%，5%，10%，15%，30% 五个档次。其中，适用零税率的有农、林、水利，能源、交通、通讯、原材料、科教、地质勘探、矿山开采等项目；适用于 30% 税率的有楼堂馆所和国家严格限制发展的某些长线产品等投资项目。根据投资方向调节税的税率原则，纳税人可以改变投资方向，由投资高税率的投资项目，转向低税率的投资项目，以此来降低税收负担。

②投资低税率产品，降低增值税负担。增值税的基本税率为17%，同时也执行13%的低税率。**但是，低税率只适用于粮油、粮食复制品、自来水、天然气、饲料、化肥、农药、农机等产品。**企业便可以从自身利益出发，充分利用税收政策，通过改变产品结构，使企业的增值税由17%降到13%，从而减轻企业纳税负担。

③改变产品所耗原料和用途，减少或避免交纳消费税。企业可以按照国家消费税征收的精神，通过改变产品所耗原料的用途，来减少应交的消费税。

例 某企业以橡胶为原料生产汽车轮胎，年正常销售额为5 000万元，应交消费税500万元；年正常税前利润应交所得税为59.4万元，税后净利润为120.6万元。如果该企业在不影响销售额的前提下，改变橡胶材料的用途，由生产汽车轮胎，改为生产飞机轮胎和重型拖拉机轮胎，就可避免交纳消费税500万元，并使企业税前利润由180万元增加到680元；而税后净利润则由120.6万元增加到455.6万元，净增加335万元。

④改变产品性质和性能，通过产品深加工，提高产品附加值，但不增加消费税。在我国，消费税暂行条例规定，纳税人自产自用的应税消费品，用于连续生产的应税消费品，是不交纳消费税的。**因此，企业可以通过产品深加工，而避免交纳中间产品的消费税。**

例 某酒精生产企业，如果直接对外销售酒精，需要按销售额的5%的比例交纳消费税。但是，如果企业用自己生产的酒精继续加工成其他不用交纳消费税的产品进行销售，自用的酒精就不用交纳消费税了。

12. 运用横向联合避税法合法避税

横向联合，是指企业之间为了共同的利益而组建的紧密型或松散型的相互渗透的经济复合体。横向联合避税法，就是利用横向经济联合的方式，转让收入或转移利润，以达到减轻负税的避税方法。具体来说，有以下几种方法。

①利用横向企业间以较优惠的价格提供产品或服务，转让其收入，以减少应交纳的增值税、消费税、资源税和营业税等流转税。其具体的操作

手法，与转让定价法相同。

②利用民族自治地区企业的联合，以高进低出的方式，转化所得，以享受民族自治地区企业的所得税减免，减少应交纳的所得税。因为我国企业所得税暂行条例规定，对民族自治地区企业免征所得税。**所以，企业可以在不违背现行税收政策的前提下，利用对民族地区企业的税收优惠政策，达到减轻纳税负担的作用。**

③利用与国外或境外企业间的横向联合，增加应纳所得税额中的扣除数额，从而减轻应交所得税负担。因为按国际惯例，企业从国外或境外取得所得在国外或境外的已纳所得税额，在国内或境内计算应纳所得税时，实行税收抵免。